中华古村落

广东卷

顾问 陈志华
主编 李秋香 李玉祥
陆琦 著

江蘇鳳凰教育出版社
Phoenix Education Publishing, Ltd

顾　问

陈志华

主　编

李秋香

李玉祥

编　委（按照姓氏笔画排序）

王瑞书

李玉祥

李秋香

吴　宁

吴正光

陆　琦

陈志华

周　晨

顾华明

戴志坚

主摄影

李玉祥

总序

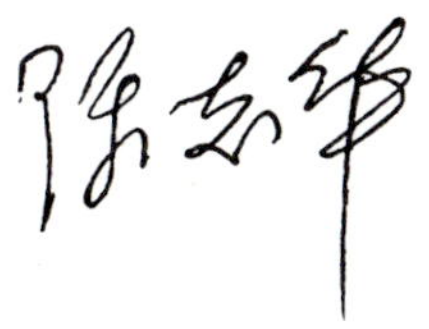

中国有着非常漫长的自然农业历史，传统的中华文明，基本上是农业文明。农业文明的基础是乡村的社会生活。在广阔的乡土社会里，以农民为主，加上小手工业者、小商贩、在乡知识分子和少数退休还乡的官吏，一起创造了像海洋般深厚瑰丽的乡土文化。比起庙堂文化、士大夫文化和市井文化来，乡土文化是绝大多数人创造的文化，为绝大多数人服务。乡土文化依赖于土地，是一种地域性文化，它不像庙堂文化、士大夫文化和市井文化那样有强烈的趋同性，它千变万化，更丰富多彩，是中华民族文化遗产中还没有被充分开发的宝藏。没有乡土文化的中国文化史是残缺不全的，不研究乡土文化就不能真正了解我们这个民族。

乡土建筑是乡土生活的舞台和物质环境，它是乡土文化最普遍存在的、信息含量最大的组成部分。它的综合度最高，紧密联系着许多其他乡土文化要素，甚或是它们的重要载体。不研究乡土建筑就不能完整地认识乡土文化，甚至可以说，乡土建筑研究是乡土文化系统研究的基础。

乡土建筑当然也是中国传统建筑最朴实、最率真、最生活化、最富有人情味的一部分，不仅有很高的历史文化价值，对建筑工作者来说，还可能有一些直接的借鉴价值。没有乡土建筑的中国建筑史是残缺不全的。

有一个漫长的历史时期，中国的经济、文化中心在农村。农村里建筑品类之多样胜过一般的城市，连书院、藏书楼、寺庙也大多在农村，更不必提路亭、磨坊、水碓、畜舍之类的了。雕梁画栋、琐窗朱户也并不次于城里。但是，乡土建筑优秀遗产的价值还远远没有被正确而充分地认识。一个物种的灭绝是巨大的损失，一种文化的灭绝岂不是更大的损失？大熊猫、金丝猴的保护已经是全人类关注的大事，我们的乡土建筑却正在以极快的速度、极大的规模被破坏着，我们正无可奈何地失去它们。

我们无力回天，但我们决心用全部的精力立即抢救性地做些乡土建筑的研究工作。

我们的乡土建筑研究从聚落下手。这是因为，绝大多数的乡民生活在特定的封建宗法制的社区中，所以，乡土建筑的基本存在方式是形成聚落。作为与乡民们社会生活的各个侧面相对应的物质条件，聚落中的乡土建筑包含着许多种类，有居住建筑，有礼制建筑，有寺庙建筑，有商业建筑，有公益建筑，也有文教建筑，等等。当然更有农业、手工业所必须的建筑，例如磨坊、水碓、染房、畜舍、粮仓之类。几乎每一类建筑都构成一个或大或小的系统。例如宗庙，有总祠、房祠、支祠、香火堂和祖屋；例如文教建筑，有家塾、义塾、书院、文昌（奎星）阁、文峰塔、进士牌楼、功名桅杆、戏台；生产性建筑则有陶瓷窑、抄纸作坊、竹木店、染坊、铁匠铺、油榨坊等等。这些建筑系统在聚落中形成一个有机的大系统，这个大系统规定着聚落的结构，使它成为功能完备的整体，满足一定社会历史条件下乡民们物质的和精神的生活需求，以及社会的制度性需求。打个比方，聚落好像物质的分子，分子是具备了某种物质的全部性质的最小的单元，聚落就是社会的这种最小单元。我们以完整的聚落作为研究乡土建筑的对象。这个研究目标本身规定了研究的基本方法，即以田野调查为主，结合文献考查。

乡土生活赋予乡土建筑丰富的文化内涵，我们力求把乡土建筑与乡土生活联系起来研究，因此便是把乡土建筑当作乡土文化的基本部分来研究。聚落的建筑大系统是一个有机整体，我们力求把研究的重点放在聚落的整体上，放在各种建筑与整体的关系及它们之间的相互关系上，放在聚落整体及它们的各个部分与自然环境和历史环境的关系上。乡土文化不是孤立的，它参与形成庙堂文化、士大夫文化、市井文化的共同基础，和它们都有千丝万缕的关系。乡土生活不是完全封闭的，它与一个历史时代整个社会的各个生活领域也有千丝万缕的关系。我们力求在这些关系中研究乡土建筑。例如，明代初年“九边”的乡土建筑随军事形势的张弛而变化，明代末年江南和晋中的乡土建筑随着商品经济的发展而有很大的变化等等。聚落是在比较长的时期里定型的，这个发展过程蕴含着丰富的历史文化内容，我们也希望有足够的资料可以让我们对聚落做动态的研究。总之，我们的研究方法综合了建筑学的、历史学的、民俗学的、社会学的、文化人类学的各种方法。方法的综合性是由乡土社会和建筑固有的复杂性与外部联系的多方位性决定的。

因为我们的研究是抢救性的，所以我们不选已经名闻天下的聚落作为研究课题，而去发掘一些默默无闻但很有历史价值的聚落。这样的选题很难：聚落要发育得成熟一些，建筑类型比较完全，建筑质量好，有家谱、碑铭之类的文献资料。当然聚落最好还保存得相当完整，老的没有太大的损坏，新的又没有太多的增加。从系列化的研究来说，更希望聚落在各个层次上都有类型性的变化：有纯农业村，有手工业村，有从农业向商业、手工业转化的村；有窑洞村，有雕梁画栋的村；有山头村，有河边村；有马头墙参差的，也有吊脚楼错落的；还有不同地区不同民族的，等等。这样才能一步步接近中国乡土建筑的全貌，虽然这个路程非常漫长。选题的时候，要区分各个层次上的类别和性质，我们使用了细致的比较法，就是要找出各个聚落的特征性因子，这些因子相互之间要有可比性，要在聚落内部有特殊性，要在类型之间或类型内部有普遍性。我们不仅尽可能选取不同的角度和重点，还力求写出每个聚落的特殊性，而不是去把它纳入一般化的模子里。只有写出每个题材的特殊性，才能多少写出一点点中国乡土建筑的丰富性和多样性。所以，挖掘题材的特殊性，是我们着手研究的切入点，必须下比较大的工夫。类型性和个体性的挖掘，也都要靠细致运用比较的方法。

虽然我们只能从汪洋大海中取得一勺水，这勺水毕竟带着海洋的全部滋味。希望我们的书能够引起读者们对乡土建筑的兴趣，有更多的人乐于来研究它们，进而能有选择地保护其中最有价值的一部分，使它们免被彻底毁灭。

2013年夏日

目录

概述

一、自然环境状况

广东省位于我国大陆最南部，北邻江西、湖南，东北接福建，西界广西，南临南海，于雷州半岛隔琼州海峡与海南相望。陆地面积17.8万平方千米，以汉族人口为主。

1. 地理环境

广东属岭南地区。所谓岭南，是指五岭以南，五岭包括大庾岭、骑田岭、越城岭、萌渚岭和都庞岭。五岭大体上分布在广西东部至广东东部与湖南、江西交界的地方，范围包括了今广东、海南、广西的大部分地区。

岭南地区自然地理形态复杂，山地、丘陵、台地、平原交错，山地较多。岭南地形从西北、北向东南、南逐渐降低，直到南海边。广东与湖南、江西交界处的山脉群，海拔高度1000—1500米，是长江流域和珠江流域的分水岭。岭南地区以低于500米的山地丘陵为主。台地则靠近沿海地区，海拔在50—100米。

广东省最大的河流珠江，其三大支流西江、北江、东江在珠江三角洲汇合。珠江水系进入三角洲地区后，愈向下游分叉愈多，河道迂回曲折，时离时合。这些水道将冲积平原切割成块。平原地块之间则由水系主要河道及密如蜘蛛网的小河联通，成为富有特色的岭南水乡风貌。

2. 气候特点

岭南的大部分地区属亚热带湿润季风气候，雷州半岛、海南岛和南海诸岛属热带气候。广东省年平均气温18℃—24℃。

岭南山脉在两广北部围成一个天然气候屏障，冬季挡住了大部分来自北方的干燥冷空气，夏季迎来海洋暖湿气流和丰沛的降雨，年平均降雨量为1500—2000毫米。北回归线横过华南中部，地面获得的太阳辐射热量较多。但春天和夏初，越过南岭的北方冷气团与从海洋登陆的暖湿气团相遇，导致长时间低温阴雨。

岭南为典型的季风气候区，风向交替变更。夏季以南及东南风为主；冬季大部分地区以北及东北风为主，风速较大。春季风向与夏季相似，秋季则与冬季相似。岭南是全国受热带气旋影响最多的地区，沿海地区每年5—11月常受热带气旋的侵袭，形成狂风暴雨，带来严重的自然灾害。

高温、潮湿、多雨的热带—亚热带季风气候，形成岭南地区热量丰富、夏长冬暖、暴雨常见、台风频繁的气象特点。

二、历史沿革与民系

1. 历史沿革发展

广东历史久远，古为百越之地，春秋时期由于社会经济落后于中原，被称作“南蛮”，春秋后期南方各族统称为“百越”。先秦时期的岭南先民虽在越文化的影响下，从原始状态过渡到青铜文明社会，但彼此争斗，各自为政。

公元前221年，秦始皇统一六国，平定百越，设置了南海郡、桂林郡和象郡。南海郡的治所设在番禺（今广州）。

秦末农民大起义时，南海尉赵佗自立为南越王，保境安民。汉高祖派陆贾出使南越，赵佗接受了汉朝封号，愿为藩辅。

尽管广东古代为“化外之地”，但它的经济文化发展，还是接近中原的水平。战国时广东的一些越人已能制造出精美青铜钟鼎、多种工具和武器，工艺水平接近中原。

明代时广东佛山已出现规模较大的冶铁、铸铁业，到清初又有很大提高。随着农业、手工业、商业的发展，资本主义萌芽也在缓慢地发展，作坊和工场比明代更多。广东陶器业很发达，建筑陶瓷更是迅速发展，形成富有特色的建筑陶塑装饰。

广州很早开始对外贸易，唐代时期是最著名的商业城市之一。北宋时在广州设立了市舶司，是对外贸易的主要口岸。明代以后，广州为对外通商的重要口岸之一。由于广州对外贸易较早，故中外文化交流也多。反映在生活上，或建筑上都有外来文化的影响，促进了本地建筑的进步。

2. 汉族三大民系

民系是民族内部文化区域性传播的独特结果。从文化人类学的角度来看，它具有以下内涵和特质：①共同的方言；②共同的地域；③共同的生活方式及共同的心理素质。这三点是一个有机的整体，它通过民系的物质文化和精神文化的特点表现出来。

广东汉族各民系的形成，是不断南迁的中原汉族人民与当地土著长期融合的结果，这种融合，至元明之际渐趋完成。北方汉族从秦代开始，历经两晋唐宋时期，在不同时期迁徙到广东各个地区，逐渐形成了具有不同生活习俗、不同文化意识和不同性格特征的广府、潮汕（含雷州，同为闽海民系之支系）和客家三大民系。

秦始皇在平定百越过程中，还采取开发岭

南的移民措施，让50万远征垦荒大军长期驻守岭南。在西晋永嘉年间，因“八王之乱”以及北方匈奴、羯、鲜卑、氐和羌大举入侵，中原百姓为避战乱，纷纷南迁。清代道光《广东通志》载：“东晋南朝，衣冠望族，向南而迁，占籍各郡。”在广州、韶关等地的一些西晋遗址和墓葬中，发现刻着“永嘉世，九州荒，如广州，平且康”文字的晋代砖块，反映了当时广东相对和平富足的情况。两宋时期移民浪潮大大超过了两晋南北朝时期，促使岭南土著的汉化程度大为提高，广府、潮汕、客家三大民系的区分日益明显。

南迁之人一部分流入粤北和珠江流域，一部分则经闽浙进入粤东。早期移民主要定居在水陆交通最方便也是最富庶的广府珠江三角洲一带，与本地越人通婚，衍繁子孙，共同开发了珠江流域，其村落是以宗族为核心的规则有序的聚居形式。而粤北和粤东北的客家地区，因地处山区，村落多为散居的大型围屋形式。

迁居潮汕多以被称为“衣冠望族”的士族为主体，抵达潮汕后，继续以家族为核心，聚族而居，在较短的时间里发展成为当地的大族，左右着当地的社会生活。所以潮汕地区的村落与建筑格局规模都非常大。

三、村落空间形态

1. 村落聚居选址

古人非常注重营建宅居，择宅宜在聚“气”之地，“气乘风则散，界水则止”，因此在选宅址时应考虑到寒风、热风、台风、水流、水质、土质等自然地理条件。立村选址，相形取胜，在所处区域，通过对周围附近的山川地形、地貌、地势等自然环境，观察比较，选用宜居之地。都以“背山、面水、向阳”的地势为最佳格局。古人认为：“山为阴，水为阳”，“万物负阴而抱阳”。村落布局大多以坐北向南的背山、面水之处为最好的自然环境，称做“后有靠，前有照”，得到阳光照射形成“阴抱阳”格局。背山可以阻挡北方袭来之寒流，面水可以迎接夏日南来之凉风，向阳可以取得良好的日照。近水不但有利于生活、生产，也有利于雨季汇集雨水，万一建筑失火，可马上取水扑救。

从广东许多的古村落可以看到，村落大多按上述原则选址和布局。如果背后没有高山可靠，村落也尽量选址背靠低矮丘陵的地方，并种植茂密的树林将村落围起来。始建于明代的佛山市三水区的芦苞镇长岐村，村落不远处有九曲河蜿蜒流入北江，村前有两口大池塘，夏季满塘荷花飘

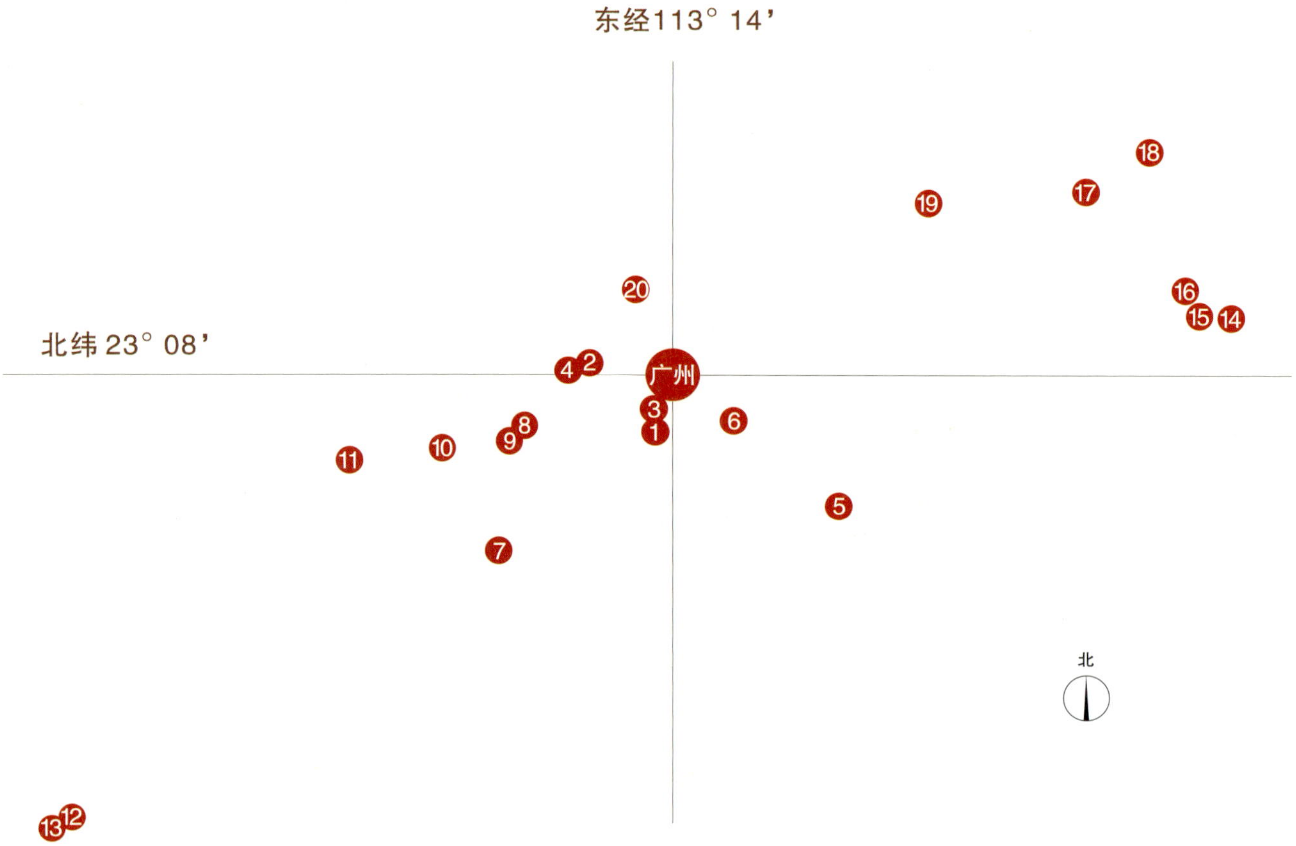

本书所收录广东省古村落分布示意图

① 广州市番禺区石楼镇大岭村
② 广州市花都区炭步镇塱头村
③ 广州市海珠区琶洲街道黄埔村
④ 佛山市三水区乐平镇大旗头村
⑤ 深圳市龙岗区大鹏镇鹏城村
⑥ 东莞市茶山镇南社村
⑦ 江门市开平市塘口镇自力村
⑧ 肇庆市高要区蚬岗镇蚬岗村
⑨ 肇庆市高要区回龙镇黎槎村
⑩ 云浮市云城区腰古镇水东村
⑪ 云浮市郁南县大湾镇五星村
⑫ 湛江市雷州市龙门镇潮溪村
⑬ 湛江市雷州市南兴镇东林村
⑭ 汕头市澄海区隆都镇前美村
⑮ 潮州市潮安区龙湖镇龙湖寨
⑯ 潮州市潮安区古巷镇象埔寨
⑰ 梅州市梅县区南口镇侨乡村
⑱ 梅州市梅县区雁洋镇桥溪村
⑲ 河源市和平县林寨镇兴井村
⑳ 清远市佛冈县龙山镇上岳村

香，宗族祠堂面朝池水而立。宗祠与池水之间，并排立着数株树径宽大的巨榕。古村钟、何、黄、卢四大姓氏的宗祠并肩排开立于水塘旁，各宗房屋顺次排于其后，逐渐升高往村后文笔山顶延伸。

村落除背山、面水、向阳的基本要求外，大都选在交通方便、四通八达的地方，近水、近田、土地肥沃、物产丰富之处；在军事方面则要考虑有好的地形，利于进退攻守。最理想的是几美俱备。

（1）近水

水是人们生活的命脉，村址要靠近河流、湖泊，在山区则要充分利用溪水、山涧。如果无法取得自然水源时，则在村内或宅院中挖井供饮用，并且在村前挖掘池塘，作蓄水、排水、养鱼、防灾之用，当地称“四水归堂（塘）”。

⊙佛山市芦苞镇长岐村巷道逐渐升高

⊙长岐村巷道（从高处往低处看）

（2）近田

村落近田的目的是为了便于耕作。平原地区，一般小村落25—50户，村落之间距离较近，形成或分散或密集的聚居特点。在山区，因可耕种农田少，故都在靠近田边的坡地立村建宅。

（3）背山

沿阳坡背山建村，房屋背山面水，有阳光，通风也好，冬季又可防寒风。房屋沿阳坡而建，前低后高，在岭南地区绝大部分村落都是按照这个原则建造的，其最大特点就是结合当地的气候地理自然条件。

（4）利交通

古时农村，农民的交通运输方式是肩挑或用木制独轮小车。墟市集镇的商品来自各地，故墟镇的选址要近交通线。古时墟镇一般沿河较多，近代陆上交通发展，墟镇靠近陆路就多了。近代工商业的发展，促进了农村副业、手工业的增长，村落渐多，水路不足，促进了近陆路的村落逐步扩大，过去是一个自然村为一个聚居点，后来逐步扩大到几个自然村成一个聚居点，一个乡为一个聚居点，甚至达到一个区（几个乡）一个聚居点。这种乡或区，不但民居、祠堂、街道和商店连绵，甚至还有集市。

2. 村落布局形式

广东村落的布局形式丰富多样。按巷道路网划分，有梳式布局、网格式布局、放射状布局；按建筑聚合方式划分，有密集组团式布局、自由散点式布局；按防御性能划分，有单

⊙佛山市三水区乐平镇大旗头村巷道

⊙广州市从化区太平镇钟楼村巷道

一家族、宗族的围寨式布局，也有多个宗族聚居的围寨式布局。

（1）梳式布局

中国广大农村是以自给自足的小农经济为主，因此在村落中所看到的建筑，除了祠堂、书塾外，主要是民居。广府民居一般容两代人居住，儿子成家后便分居，长子因供养父母则三代人合住。住宅大都是三合院式，少数四合院式。

粤中广府地区的村落，祠堂在前，民居随后沿纵向排列成行，每户前后相接合，各民居单元相同，外观和平面都一样，整齐划一，横向不设巷道。规则有序的纵向巷道颇像梳头的梳子，当地人称之为“耙齿巷”。村落这种巷道平行单一的格局称之为梳式布局。两列建筑组群之间的巷道，称为“里”，即所谓古代的“里巷”，它也是村内的主要交通道。纵向各户建筑的安排，少者四五家，多者七八家，每户厅堂轴线方向与巷道平行，故大门侧面开，大门外就是巷道。巷宽1.20—2米，为了防御，最外的巷道口设“隘门”，每个隘门都有名称以示区别，如东华里、西华里、仁和里、丛桂里等。

梳式布局村落中，建筑群前为一小广场，称为禾坪，或称“埕”，作晒谷用。坪前有池塘，用于蓄水、排水、灌溉、防洪、防火等，面积一般为1万到2万平方米。村后及两侧结合生产植树、栽竹，既可防风，也有美化环境的效果。

广州从化太平镇的钟楼村，可谓这类规整梳式布局之典型代表，村落建于清朝咸丰己未年

⊙广州市钟楼村巷道口隘门

⊙村落建筑群前有禾坪广场，作晒谷用，坪前有池塘

⊙云浮市云城区思劳镇城村陈氏宗祠前分台地设置禾坪与池塘

（1859），姓氏欧阳，整个村落依村后挂金钟山而建，坐西北向东南。村四周有四座用以自卫的堞垛——方形的小碉房，村外则是濠沟，类似古城池的护城河，既可防护排洪，又把村落与四周分开。村中后侧建有一座五层高的碉楼，在楼的四五层之墙体上开有狭小工字形和圆形枪眼。围墙、护城沟、碉楼等防御性的建筑物和构筑物，在动乱岁月可保证全村避免盗匪的袭击。

⊙广州市钟楼村欧阳仁山公祠

⊙广州市钟楼村民居巷道

钟楼村以欧阳仁山公祠为中轴线，共五进，是从化规模最大的祠堂。公祠两旁巷道为左4巷右3巷，每个巷口有隘门。各巷中间是一条花岗岩砌边、青砖铺底的排水渠，依地势从后往前逐渐低下。巷两侧是三间两廊的民居，纵向每列7户。村后有后包，为牲舍、库房等。

村落总平面布局中，房屋顺坡而建，大多单向沿纵轴线排列成行，但也有在总体布局中呈两种以上朝向的。广州市太平镇木棉村为谢姓家族住地，村落建筑分别向东、向西设置形成双向的梳式布局。而云浮市腰古镇的水东村，也是东、西双向设置的梳式布局。

梳式布局的村落，建筑物顺坡而建，前低后高，利于排水。它坐北向南，朝向好，有阳光，通风也好。这种村落前面有广阔的田野和大面积的池塘，东、西和背面则围以树林。村落的主要巷道与夏季主导风向平行。在正常情况下，越过田野和池塘的凉风就能通过天井或敞开的大门吹入室内。

在烈日当头且无风情况下，民居将充分利用巷道和天井内空气的对流作用。由于村内巷道窄，建筑物较高，巷道常处于建筑物遮影下，温度较低。当村内屋面和天井受太阳灼晒后造成气流上升时，与冷巷气流进行热交换，形成微小气候的调整，使民居仍然得到一个舒适的环境。这种布局用地紧凑，通风良好，很适应岭南的地理气候条件，成为我国南方一种独特的村落布局形态。

（2）网格式布局

网格式布局是村落巷道纵、横向贯通呈网状，每栋（户）民居相对独立，四周有巷道与其他民居隔开。梳式布局是横向无巷道，或大型村落纵向过深为方便横向联系设置一、二条横巷，通常横巷不贯通。网格式布局在粤西、粤北坡地较多，通过横向巷道调整台地标高。粤东潮汕地区也有采用网格式布局的村落，直到上个世纪七八十年代的新村建设还在用这种布局方式。

高要市回龙镇香炉岗东北麓的槎塘村，始建于清光绪二十二年（1896），村落后有山坡风水林，前有半月形的池塘。整个村子沿着山坡，分有七条纵向的巷道，根据地形分成10个约9米宽的台地，每个台地建一排房屋，房屋前为横巷。民居建筑均为单层，纵、横规整，房屋以五间或七间相连，每排前后之间有横巷相隔，整齐有序地排列在香炉岗的缓坡上。房屋统一用青砖砌筑，高度、面阔、进深一致，形成巷道、房屋间隔井井有条的网格式布局。

（3）组团式布局

组团式布局，在粤东潮汕地区的村落较多见。各民居单体如“下山虎”“爬狮”“四点金”“三座落”“三壁连”等，毗邻相近组合，形成组团。每户建筑面积、类型、规模大小不一，巷道组织变化多样。组团与组团之间或是水塘、河涌，或是山岗、竹林，或是道路、场地等。

密集式组团有几个特点：一是每户建筑之间相邻密集，有的仅为院墙相隔，各户外有高墙，

肇庆市高要区回龙镇槎塘村网格式布局的巷道与房屋

粤东潮汕地区组团式布局的村落

封闭性强，适应封建礼制的需要；二是适应气候条件，内部采用敞厅、天井、庭园等方式，形成良好的通风廊道，使建筑室内舒适凉快，同时外封闭、内开敞的平面布局形式还可夏防台风、冬御寒风；三是庭院天井的丰富变化和灵活布置，既有通风、采光、换气、排水、交通等功能作用，还能美化环境和便于人们户外生活。

这种密集式的布局，一般建于平地，是同宗或同族人为了节约用地及防御而建造的。要求有良好的迎风朝向，多为南向，但根据当地地形与气候条件的差异而有所改变。建筑组群的大小，依人口多少和经济水平而定。

大型规整的天井院落式民居，如当地取名的“图库”“驷马拖车”“百鸟朝凤”等，外观规整、封闭，筑有高墙。整栋宅第为一个家族所有，内部房间少则几十，多则上百，中央为家庙或家族厅堂，前有倒座，两侧及后面是向心布局的厝屋住房。这类大型民居有的一座就是一个自然村。潮汕村落中这种围合式布局，与客家围屋不同的是，客家围屋之间的距离较远，而潮汕村落中的围式建筑大多紧挨在一起，有的仅有巷道分隔。

粤北地区瑶族人民，分为过山瑶和排瑶两种。过山瑶没有固定居处，其生活流动性很大。他们看到山林葱郁、土地丰腴的地方就住下来，以打猎、采蜜糖、采冬菇和耕种少量山地为生。民国以前刀耕火种的生产方式落后，当地人三五年便把山头吃穷，只好整村迁移。过山瑶的居住地点频频改变，住房以竹木结构的茅寮为主，个

粤东潮汕村落密集式的建筑组群

⊙粤北瑶族村寨民居

别也有两层竹木楼，但都比较简陋。20世纪50年代以后，由于生活安定、瑶胞都已定居下来，不少茅寮已改造成泥屋或砖屋。

村寨选址一般都在背风向阳、临溪依山之处。过山瑶人喜爱聚族而居，一个村寨往往就住一个同姓的宗族。村寨采用相对聚拢的组团方式建置，一旦有敌来犯，或进或退，易于控制。这个特点很大程度上影响了村寨布局，它约束了村前后的距离，以前后同时听到锣声为限。

排瑶有固定的田地、山林，人口也多。他们聚族而居，生活安定，村寨建起永久性建筑，因在山上一排一排建造，故称为“排瑶”。

过去，瑶族人民屡受兵匪的侵扰，为了免遭灾祸，他们上山建寨，在地势险要的山坡上，做成一层一层的阶梯形台地，在上面依次建房，有石级上下相通，如连南县的行祥排、南岗排等都是这个类型的村子。“行祥排，坐西面东，奇峰矗立，瑶屋庐屋叠居半山上，左密林，右深坑。”[1] 这是对行祥排瑶村的描写。该排由三个异姓的小排聚合而成，按姓氏分三个居住组团，相互间有道路相联。瑶居建筑依等高线带状布置。

（4）散点式布局

地处山区的村落民居，受地形限制，不能形成密集相邻的住居形态。建房因地制宜，自由布局，朝向也没有一定的规定。

散点式布局多见于兴梅客家山地。从史料记载可知，西晋、唐、宋三朝战乱，中原地区人民多次南迁，路途千里，颠沛流离，途经各处又与当地人们发生纠纷或械斗。以血缘为纽带的家族或宗族关系使他们团结互援，抵抗外侮。这种独立又封闭的围屋形式，成为防避外侵的有效场所。围屋分散而置，远望三五成群地立于山麓。

广东客家围屋有方形、圆形和前方后圆形

客家山地围屋散点布局，三五成群立于山麓

潮州市潮安区龙湖镇龙湖寨寨门

（围龙屋）等形式。围屋平面大小不一，层数多少不一。方形围楼一般住10—25户，个别的有30户；圆形围楼和围龙屋一般住20—45户，多的达80户。围内有水井和生活必须的公共设施。围屋前多有溪流或池塘，便于排水和浇灌附近农田，并起一定防火作用。围屋的后面和左右多是禁伐的果树和竹丛。

（5）围寨式布局

潮汕地处沿海平原，人多地少，村落为密集布置。因防倭寇和海盗，村落外围设有厚实的围墙。龙湖寨的《塘湖刘公御倭保障碑记》就有所载，明末嘉靖戊午年（1558），倭寇犯潮，士大夫刘见湖遂领民众“建堡立甲，置栅设堠”，筑寨自保。围寨大小不一，大多居住上百户人家，小的也有数十户。潮安县龙湖寨内住户有五十余姓，象埔寨有“三街六巷七十二厝，座座格局不相同”之说。

围寨根据方位设置寨门，像东、西、南、北门，上有望楼。寨内民居类型多样，小型则以“下山虎”“爬狮”“四点金”的三合院与四合院为主，较大型的以“三座落”为基本型向纵深发展成多进院落。寨内各户民居毗邻相接，犬牙交错。主街贯穿寨门，小巷联通住家。

围寨式的村落在广东其他地区也有，当地大多有匪患或宗族械斗，村外周边设围墙具有一定的防御效果。如粤西肇庆市回龙镇黎槎村，外墙为环状，开有十座寨门，对应村内“九里一坊”。

3. 水乡村落格局

珠江三角洲水乡河网纵横，桑基鱼塘，养蚕丝织，花果飘香。明末清初广东的著名诗人屈大

潮州市潮安区古巷镇象埔寨

⊙肇庆市高要区回龙镇黎槎村环状外墙寨门

均，在他的《广东新语》里对珠江三角洲水乡风貌有过这样的描述："顺德有水乡曰陈村，周回四十馀里。涌水通潮，纵横曲折，无有一园林不到。夹岸多水松。大者合抱，枝干低垂，时有绿烟郁勃而出。桥梁长短不一，处处相通，舟入者咫尺迷路，以为是也，而已隔花林数重矣。"河汊如网，小桥人家，花树小舟，确是诱人。

岭南水乡环境及格局包涵着两种基本形态：其一是纵横交错、密如蛛网的水系；其二是成群连片、波光闪烁的"基塘"。

基塘是指珠江三角洲地区的"果基鱼塘""蔗基鱼塘"和"桑基鱼塘"的农业形式。明朝初年，朱元璋在全国各地推行桑、麻、枣、棉的种植，经济作物种植使得农村的生产结构发生了相应变化，"甘蔗的种植，推动了榨糖业；蒲葵的种植，推动了制葵业；蚕桑的发展，推动了丝织业；麻和棉花的种植，推动了织布业；席草的种植，推动了制席业"[2]。珠江三角洲一带出现了弃稻谷农田而种果、养鱼、植桑的风气，把田地改为基塘。所谓"基塘"就是将地势低洼、水潦浸泡，生产条件较差的土地深挖为塘，将泥土复于四周成基，塘用来养鱼，基面种植果木、甘蔗或桑树，称为"果基鱼塘"或"桑基鱼塘"。

珠江三角洲水乡是以连片桑基鱼塘或果林、花卉商品性农业区为开敞外部空间，具有浓郁广府民系地域建筑风格和岭南亚热带气候植被自然景观特征的水乡村落类型，其空间格局包括：建筑依河或夹河修建的线形水乡；聚居建筑以梳式布局为主的块形水乡；水网分汊把聚落建筑划分为若干部分的网形水乡。

（1）线形水乡村落

这类水乡依河或夹河修建，因此水乡布局沿水陆运输线延伸，河道及道路走向往往成为村镇展开的依据。线形水乡的主轴就像一条延长的骨干线，而沿干线生活的居民可以最大限度享受临水之便利。水乡沿河布局形成房前是交通要道，屋后是宁静的田野。线形水乡能够根据地形曲折变化，灵活延伸发展。

广州番禺石楼镇大岭村，村落从南至北以沿河涌街道作为骨架呈线形延伸，错落有致的民房与溪河、石桥结合，构成水流穿街的聚落格局。位于番禺沙湾镇的三善村，因村旁有三善岗而得名。贯通南北的河涌将村子划分为东西两部分，景致优美，跨越河涌的桥梁之间相互衬映，桥头空间开阔，伴有涌旁榕树形成阴凉的休憩之地，跨桥流水，里巷深院，灰墙树影，有如一幅清淡的岭南水乡画卷。

⊙肇庆市高要区蚬岗村四面环水，民居依岗而建，呈蚬型放射状

（2）块形水乡村落

块形水乡是珠江三角洲地区最常见的一种，村落位于河涌一侧，周边为果蔗基塘，传统村落采用梳式布局系统，利用河流吹送的凉风来冷却安静的巷道，河岸对面是田野，景色优美的水稻田或果树林。这类水乡通常临河一侧是村落的公共活动中心，布置有祠堂、书院、小庙、广场及古榕。通向河涌的两条巷道前端夹着一个支祠，支祠临河处常有水埠停泊小船。各宗族民居以此为中心层层展开。如明朝正统十四年（1449）建村的佛山南海的九江镇烟桥村、成化初年（15世纪60年代）建村的广州增城瓜岭村等。

放射状格局是块形水乡村落布局的特殊形式，这类村落一般环绕丘岗或小洲而建，以岗或洲的最高点为中心，由此向外发散几条骨干巷道，村外围是祠堂或广场。形成环水绕村，村落中心高周边低的放射形水乡格局。如高要市的蚬岗村，整个村落四面环水，民居依岗而建，呈蚬形放射状。

（3）网形水乡村落

多条分汊的河涌汇合形成网状的水乡格局，又分又合的水网把村落划分为若干部分，以保证村落民居得到最长的河道与最便捷的交通出行口。这类水乡可以向任何方向发展，由河涌河道分割成若干形态类似的陆地区域，通过桥梁将各陆地区域连通在一起。

网形水乡村落最有代表性的要数佛山市顺德杏坛镇的逢简村。逢简村于唐朝就已成村，早在清代，逢简村民就弃田筑塘，种桑养蚕。几十家丝织厂日夜不停，为顺德成为“南国丝都”立下汗马功劳。因逢简村北临西江航道，水运发达，当时形成了一个远近闻名的集市，附近许多养蚕户也到这里出售蚕丝。蜿蜒于桑田中的小河，在昔日将一船船蚕丝运往广州等地，全省客商也从这些小河乘艇远来，采购蚕丝。在鼎盛时期人口竟达万数，设有东西二市，里面有庙宇、酒楼、商铺，有“小广州”之称。

逢简村内河道纵横，自南往北流过古村，汇入西江支流，把村落切割成若干小沙岛。村落河涌岸边分布祠堂及庙宇，河道两旁筑有红砂岩或麻石铺砌的驳岸，两岸保存着古村原有的空间格局和自然景象，每隔一段有门楼巷道连通小埠头，河道一侧或两侧与其平行的是麻石铺砌的临河步道。古榕、蕉林、石榴在河两岸绿盈红肥，溯河而上，村落外围呈现一派基塘农业水乡风光。

⊙佛山市顺德区杏坛镇逢简村拱桥

四、村落建筑特点

村落主要由祠堂、书塾、住宅、仓库、牲舍等组成，村落的入口建有门楼或牌坊，有的还有炮楼等。

过去村落大多没有商业性建筑，村民要购买物品或出售农产品，都要跑到几里路外的集市或墟镇。集镇中，有墟市、店铺，还有寺庙、宗祠。祠庙前有的设小戏台，作为节日演戏的地方，规模虽小，足供村、墟人们露天看戏之用。

至于商店，分为两类：一类是墟市中的商店，小型单层、单开间；另一类是城镇中的商店，多数是二三层的楼房。前面是店铺，后面和楼上是住家。店铺多成做骑楼形式，可遮阳避雨，方便人们购物，这是广东城镇中的一种特殊建筑形式。

⊙佛山市顺德区杏坛镇逢简村内麻石铺砌的河道驳岸

1. 公共建筑

（1）祠堂

以宗族关系聚居的村落，祠堂是村落的主要建筑类型。广东的许多乡村是以一姓为主，村落布局首先重视的是宗祠的位置。宗祠的核心作用，表现在习俗方面，凡祭祖、诉讼、喜庆等族中大事均在祠堂里面举行。

村中宗祠盛多，屈大均《广东新语·宫语》说："岭南之著姓右族，于广州为盛。广之世，于乡为盛，其土沃而人繁，或一乡一姓，或一乡二三姓。自唐宋以来，蝉联而居，安其土，乐其谣俗，鲜有迁徙他邦者。其大小宗祖弥皆有祠，代为堂构，以壮丽相高。每千人之族，祠数十所；小姓单家，族人不满百者，亦有祠数所。其曰大宗祠者，始祖之庙也。"

一个宗族组织完善的村落，人口不断增多，大的宗族往往要派生出几个小的支系，反映在村落结构上，出现一些小的簇团，又以支祠为副中心。如增城瓜岭村在河西岸，七座支祠伴着爱闲黄公祠临河一字排开。除祠堂外，还有书院、书舍，也都朝东而立，多为两进格局。规模最大的主祠爱闲黄公祠，是三进布局。

珠江三角洲其他非河涌水网地区的祠堂，前面大多对着半月形水塘。而水乡聚落的祠堂稍有不同，大都建在河涌之旁。位于河涌旁的顺德逢简的刘氏大宗祠，有"第一祠堂"之称，建于明代永乐十六年（1418），无论占地面积还是气势都是村内其他祠堂所无法比拟的，祠内最有特色的是其丰富的庭院空间。水乡村落也常将流经祠堂前的河涌局部扩宽成半月形水道作浮池，替代水塘的作用，从功能上来讲，扩大祠前河道的宽度以容纳停泊更多的来往船只。

祠堂的平面布局和空间组织是对外封闭、对内开敞，采用严谨的中轴对称布局，同时，结

逢简村刘氏大宗祠位于河涌边

逢简村刘氏大宗祠庭院空间

⊙佛山市顺德区北滘镇碧江村慕堂苏公祠前的照壁砖雕装饰

合天井院落组织建筑空间，前有广场、河道或池塘，整个空间井然有序。祠堂是村落居民的祭祀活动的中心，大量人流与祭祀活动使得其广场特别重要。河涌水乡地区村落祠堂的空间节点按其前广场的位置可分以下几类：祠堂建筑群离河岸退缩，做有一片较大的前广场，形成内陷式广场；在祠堂建筑后退有困难及河涌较宽时，广场在河岸一侧出挑，形成局部凸式的广场；还有就是对岸式广场，由于沿河所建的祠堂前广场位置不够，就在河对岸设置开阔广场，祠堂与两旁的沿河建筑齐平，对岸广场隔着河涌容易欣赏到祠堂的活动，对岸广场通常在广场的最里端做有大型照壁。

顺德碧江慕堂苏公祠前河涌对岸的正面，建有一座砖雕大照壁，正壁中间高两边矮，总长度有50多米，最高处达8.75米，最矮处也超过5米。照壁为白麻石勒脚，水磨青砖墙身，墙顶瓦檐上有灰塑博古脊和龙船脊。碧江是三条水道在此交汇的古村镇，自古以来就是广州往来西江、北江船只必经之地。清咸丰《顺德县志》有“俗以祠堂为重大，族祠至二三十区，其宏丽者，费数百金，而莫盛于碧江”的记载。直至今日，碧江还有许多明清祠堂，如尊明祠、澄碧苏公祠、从兰苏公祠、逸云苏公祠、何求苏公祠、峭岩苏公祠、楚珍苏公祠、源庵苏公祠等等。

留耕堂是广东乡村祠堂的典型代表，位于番禺沙湾镇北村，是元代建造的何氏宗祠。因牌坊上原有“阴德远从宗祖种，心田留与子孙耕”对联，故称“留耕堂”。留耕堂曾几经劫难与复生，现存的留耕堂为清康熙年间重建。留耕堂坐北向南，三路四进的四合院布局，依次为头门、仪门（牌坊）、拜亭、象贤堂、留耕堂，两侧建有廊庑、衬祠和钟、鼓楼。留耕堂年代久远，规模宏大，布局严谨，造工精巧，是遗留至今且保存完好的粤中宗祠的经典之作。其装饰艺术丰富多彩，有木雕、石雕、砖雕、灰塑、壁画、铁铸等工艺，具有较高的历史、文化价值。而屋脊、屋角、山墙及斗拱的造形别具一格，集元、明、清不同时期的建筑特色于一身。

位于广州从化太平镇幽静、古朴、灵秀、深邃的钱岗古村落内的广裕祠，为南宋宰相陆秀夫后裔所建，始建于明代。广裕祠堂共三进，悬山屋顶具有明显北方风格，而构造处理、装饰装修等又有明显的岭南本地风格。广裕祠是考据北民南迁历史以及南北建筑风格糅合发展的一座重要古建筑文物。

广州市番禺区沙湾镇北村留耕堂内牌坊

⊙广州市番禺区沙湾镇北村留耕堂

⊙留耕堂内主厅堂—象贤堂

广州市从化区太平镇钱岗村广裕祠

潮州潮安区彩塘镇的从熙公祠，清同治九年（1870）由旅居柔佛（马来西亚）的侨领陈旭年兴建，清光绪九年（1884）竣工。从熙公祠坐东向西，二进院落，后厅有抱厦，形成四厅相向的格局。首进门楼的石梁架做有双面镂空石雕，以及镶嵌于门楼两侧石壁上的镂空高浮雕。祠的首进屋架，后座的抱厦和中槽屋架所有的梁枋、桁、柱间诸穿、插构件，都饰以精美的潮州金漆木雕，使整座祠堂更显富丽堂皇。

（2）书塾

书塾也是每个村落必有的建筑物，在布局中，沿袭“左祖右社”古制，布置在村落的左侧。祠堂是“承先”，书塾是“启后”，古时非常重视“承先”与“启后”的教育作用。在集居式民居中，如寨、楼、围龙屋中，祠堂置于正中，书塾则置于东从厝屋，也可以在祠堂侧屋兼用。

清乾隆时期，朝廷对南方宗族势力的膨胀有所顾忌，认为“合族祠易于缔结地缘关系，发展为民间组织，朝廷例当有禁”[3]，限制宗祠建筑的建设是限制宗族势力扩展的手段之一。为了对付这一状况，许多宗族分支就将建祠堂改为修建书塾书舍。“乾隆间，有合族祠之禁，多易其名为书院，为试馆。”[4]这种书塾书舍的布置及形制与祠堂没有多大的区别。一般来说，城市中以合族祠为基础的称为“书院”，而县以下的乡镇村落设置的称为“书舍”“书室”“私塾”等。较为典型的是广州从化太平镇木棉村，三面环水，一面靠路。古村为梳式布局，聚落建筑呈东北和西南两个方向朝村落中心修建。祠堂与书舍书屋分设在村落东北和西南临水的最前列。文植公书舍位于村落东阁梁木巷侧，由谢氏文植公后人所建，以供文植公族人攻读之用。木棉村中有一定规模的书塾，村东面有宝珊书舍、永宽书室，村西面有致堂书舍、永坚书室等。而设在民居前排没有落名的小书室则更多。

书塾也有家塾与私塾之分，其区别在于前者为一个家庭或家族所有，聘请老师在塾中管教学童；后者则由教师先生自己设馆，向来自各家各户的学童收取“束修”（学费）。顺德碧江的“亦渔遗塾”就是一座家塾。苏氏在宅第群中建起这所家塾，请来名师到此为族中学童及亲友的子弟上课。“亦渔遗塾”由一座“三间两廊”与一座“明字屋”相通而成，大门开在北面的三兴巷里，凹肚式门楼坐南向北，有脚门、趟拢、大门、屏门四重门扉。北面是三间两廊的镬耳大屋，两廊和大座正厅都设屏门隔扇，两房向着天井有砖雕漏窗。穿过下廊的后门，就直接跨进南面明字屋的大厅。明字屋为双开间，一边为大厅和天井，一边是并列的两间房。天井置有精美的灰塑花坛，天井院墙上横额塑了一只蝙蝠和一头梅花鹿，分别托出“碧影”两个行书大字，两旁有隶书 “风声入竹有琴意，月影写梅无墨痕”的对联。

潮州的龙湖寨历史上以重文崇教著称，全寨书斋数量不少于30处。著名的有黄姓“江夏家塾”与“读我书屋”，许姓“高阳家塾”“梨花吟馆”“雨花精庐”“怡香书室”和“抱经舍”等等。它们或为宗族所共有，或为私人所设的私塾。有的大门还配以雅致的门联，如 “读

⊙潮州市潮安区彩塘镇金一村从熙公祠

⊙从熙公祠入口石梁柱雕饰

⊙佛山市顺德区北滘镇碧江村"亦渔遗塾"家塾

⊙"亦渔遗塾"家塾天井小院

我书屋"门联"读史方知司马笔，我诗不让杜陵篇"，"卯桥诗庄"有进士许促仙所联"读书常至卯，溪涨欲平桥"等等。这些都使过去的龙湖寨处处充溢着浓浓的书香。除了大量为男童设的书斋外，还有为女子设立的私塾。明崇祯年间（1627—1644），龙湖寨"家资丰盈甲于潮州"的员外郎黄作雨，不仅在自家院落设立书楼供男童读书，还于中平巷口设立了女子书斋，供族内小姐们就读。

（3）门楼与碉楼

大多数村落中设有门楼，标志着全村的大门。有布置在村前侧的，为单门楼，规模较小；也有做成牌坊式的。有在村的两侧入口各设一座门楼的，如广州从化钟楼村和松柏堂村等。

钟楼村的村口处如今还保留一座门楼，门楼为单层镬耳山墙建筑，中开一拱门，门额上刻有"钟楼"二字。以前村落四面围有三米多高的围墙，在四个角上的主要制高点处建有四个垛（即古代放哨及观察敌情的烽火台），两层楼高，与村后高四层的炮楼相互呼应。

大规模的村落，通常在四周都有围墙和门楼。方圆有一平方千米的从化钱岗古村，四面开挖水塘做护村河，村落东南西北分别设有"启延门""震明门""镇华门""迎龙门"四个门楼，门楼不远处还设有更楼。围村墙外是溪水及鱼塘，具有较强的防御性。若要进出村子，必须要通过门楼。每个门楼都有坚固的门扇，每晚定时关闭。

具有防御性设施的建筑在许多村落中都可见到。有的村落中置有炮楼，高数丈，圆形或方形。防御性建筑当为碉楼，一般一村一座，在粤中地区较多见。侨乡地区更多，有的属单独一家，有的为几家人合建。碉楼按其功能可以分成三种，即众人楼、居楼和更楼。

众人楼是全村或全家族集资兴建，出资者在楼内有自己的房间，用于危险来临时躲进去避难。居楼一般由一家人独建，集居住与防御于一体。居楼的位置大都建在村后。

更楼主要用于看更放哨，根据村落或村落之间防卫的需要设置。更楼在当地有“闸楼”和“灯楼”两种形式。闸楼通常位于村口，形式较为简单，一般为二层的碉楼，楼下为村落的出入口，设有闸门。楼上则是值更、瞭望和防卫的用房。村落根据情况设置单个或多个闸楼，闸楼与碉楼群呼应，形成整个村落的警戒和防卫体系。灯楼作为更楼的一种，则是因为楼上置有探照灯

⊙江门市开平市塘口镇自力村碉楼群

而取名，其选址通常于村落外部或村落群组之间视野开阔的高地上，高耸挺立，登楼可环顾四周。灯楼由一个或几个自然村共同集资兴建，形成区域防御的前哨。

2. 民居建筑

（1）广府民居

岭南民居的类型很多，但它们都是以“间”作为基本单位，由“间”组成“屋”——单体建筑，“屋”有三间、五间甚至七间。“屋”围住天井组成“院落”，如三合院、四合院等。各种类型的民居就是由这些“院落”的基本单元组合而形成的。广府常见民居有竹筒屋、明字屋、三间两廊、大型天井院落式民居等类型，但古村落中最为常见的民居类型是三间两廊式，特别是珠江三角洲地区。

三间两廊屋，即三开间主座建筑，前带两廊和天井组成的住宅，其厅堂居中，房在两侧，厅堂前为天井，天井两旁称为廊的分别为厨房、柴房或杂物房。厅堂为家庭公共活动场所，凡日常家庭生活、婚丧大事以及农村中副业生产都使用它，有些农具也置于厅堂。厅堂有多功能的作用，它位居正中，开间较宽，面积较大。厅堂靠后墙处有一阁楼，名为神楼，内供祖先牌位。

⊙江门市开平市塘口镇塘口墟方氏灯楼

卧房在厅堂两旁，房门可由厅出入，也可由厅堂前的廊道两侧开门出入。卧房一般甚少开窗，或只开小窗，故有“光厅暗房”之称。三间两廊屋纵向排布时，因后墙是下一户的天井及厨房，所以卧房只能在屋内靠巷道侧的墙面开高窗，卧房也会在屋顶上部瓦面用两三块玻璃代瓦用，称为“明瓦”，以解决采光问题。卧房面积小于厅堂，房内设阁楼，位于卧房后半部上面，作储存稻谷和堆放杂物用。

天井是民居中不可缺少的组成部分，是通风、纳阳、排水、晾晒衣物、饲养家禽以及户外生活、美化环境的空间。广府民居的天井因受南方太阳辐射热大，又受地势限制，所以都做得较小。天井内通常打一水井，供饮食与洗涤用。厅与天井之间可以有墙间隔，正中开门；也有的不设墙，为全开敞式，这种方式通风采光好。

广府地区村落三间两廊民居每户纵向排列，形成规整有序的梳式布局，村落中同一时期建造的每户人家的平面布局一样，面积也相等，体现了广府人宗族内的平等思想。虽然广府村落民居也有其他类型平面，但基本上是由三间两廊屋发展、组合而成的，包括横、纵两个方向发展。横向发展多由于原有的房间不敷应用而向一侧增拼房屋发展而成的多开间民居，增建的房屋也带有天井，平面呈不对称形式。也有纵深发展而成，三间两廊加前屋成为四合院形式，当地称为“上三下三”，即上三间，下也三间，正中为天井，朝向一般坐北向南。大门有正中开，如粤西云浮云城区安塘街下白村的民居；也有向东、西两侧开门，主要根据地形与方位而定。

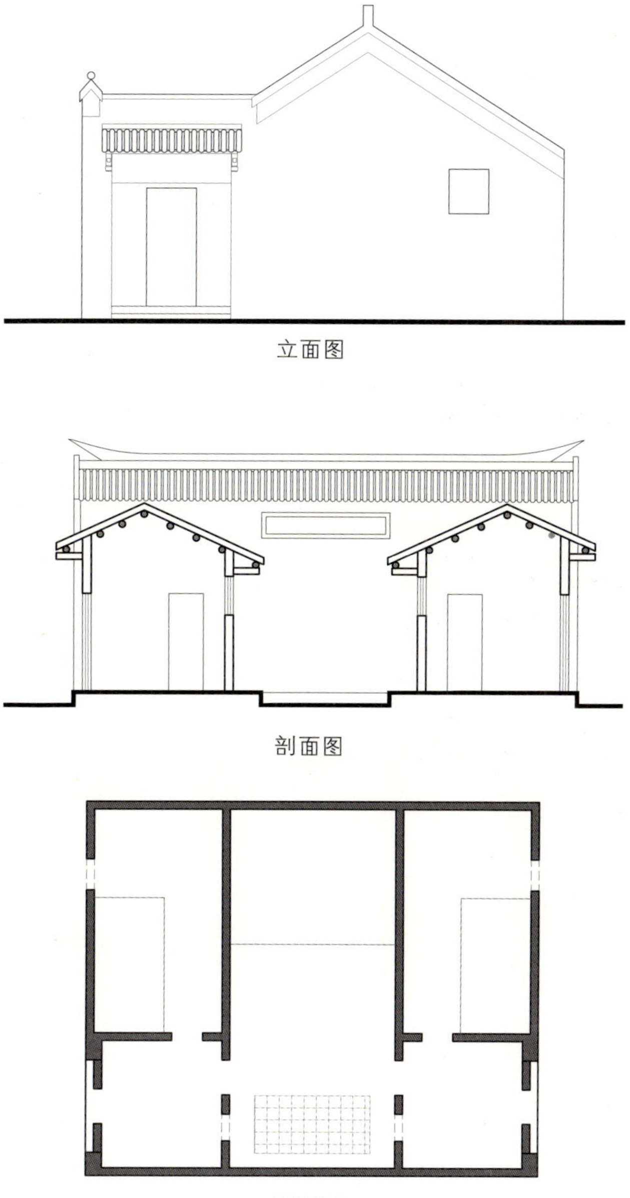

⊙广府村落常见的三间两廊民居

粤中大型天井院落式民居，如顺德碧江的职方第。职方第共四进，包括门厅、牌门过亭、大厅和三层的回字楼。职方第门厅三开间，大门正中设有仪门。颇有特色的是牌门过亭，粤中一般民居通常的做法是无盖开敞的天井小院，而这里则在牌门墙头和厅堂前檐顶上通过四点砖趸，凌空支承着一个歇山顶，覆盖着第二进天井，既扩展了大厅的室内空间，又确保了大厅的通风和采

粤西云浮市云城区安塘街下白村民居

光，同时丰富了中轴线上建筑的形象。

粤西大型的天井院落古民居有做成围堡式的。这种大屋呈方形或矩形，中轴对称，前低后高，“回”字形布局，多为三进或四进，面宽五间，两侧有从厝围合，建筑规模较大，每幢大屋占地1000至2000平方米不等。有的民居设有前院或后院，旁侧入口，灵活多变。云浮郁南的“光二大屋”共有六进，内座建筑为四进，前门和主体建筑坐落在中轴线上，前座正中为第一进入口大门，与内座建筑大门之间有广场（即晒场）。内座建筑东西两侧各有一偏门，厅堂与两侧厝屋有巷道相通。最后一进是更楼，为整座建筑的最高处。

（2）雷州民居

雷州半岛的民居建筑布局，基本结构是三面房屋一面墙（照壁）或四面房屋围成一个天井院落。在此基础上通过各种组合而成，空间灵活，变化多样，天井大小、多少不一。正屋一般为三开间，正中一间为厅堂，左右为卧室。旁侧房屋称横屋，两开间，小型的只有一间，正屋与横屋相连处为走廊。大的民居院落设有多个天井，在厅堂走廊两头开门通往偏院，多天井设置有利于通风与采光，而尺寸窄小的天井能形成阴影，减少阳光辐射。有的民居平面在三间两廊三合院外围再加一圈凹字形的房子，当地人称“包帘”，大门开在包帘其中一间。

雷州半岛民居的入口大门一般开在旁侧，门外就是街巷。宅门为凹斗门形式，起着遮阳避雨作用。而门第的显示则要看大门的装饰了。大门内屋分二层，下层为门过道，上层阁楼作储物用。门斗、门头均用砖砌，檐下有木雕封檐板，门头多用灰塑装饰，内容繁简不一。

民居的屋顶为硬山式，经常几种山墙形式并存，如水式、木式、土式等，甚至一户住宅中就有多种山墙形式，如周家村的周家楼，就有水式、土式山墙。各类山墙的造型与装饰十分讲究，以凸显其华丽与气势。

（3）潮汕民居

潮汕民居类型多样，基本形式有竹竿厝、单佩剑、爬狮、下山虎、四点金、三座落、五间过等。

“竹竿厝”为单开间式，通常厅、房合一，结构也较简单。“单佩剑”为双开间式，它由竹竿厝发展而成，进门为大厅，旁为卧房，后带天井厨房。“下山虎”“爬狮”即三合院式，它的平面布局为，中间厅堂，两旁为卧房，前带天井，两侧为厨房和贮物室，大门开在建筑轴线正中或两旁侧墙。“四点金”即四合院式，其平面布局中，除后面部分与爬狮平面相同外，前座中间为大门，两旁为卧房，大门朝向与厅堂相同。“三座落”也叫“三厅串”，即门厅、中厅、后厅三厅连贯排列。后厅是供祀祖先的厅堂，也是丧日停柩之处，而日常生活起居和接待客人，则在中厅。“五间过”是由四点金横向发展而成，宽五开间，中间天井较大，四周房屋围住天井，前后座房屋除正中为大门和厅堂外，其余都是卧房，天井两侧的小房则作厨房和贮物间。

潮汕村落中最常见的是由四点金平面发展而成，以四点金为主体，旁加从屋，后加后包等辅助建筑组合而成。后包有的为两层楼房。四点金的组合方式丰富多样，有四点金和爬狮的组合体；也有两座四点金，中间加一座“五间过”祠堂，三屋相联，再加爬狮等其他房屋相组合形成“三壁连”。

大型民居常由三座落平面为基本单元变化，即以三座落为主体，旁加从屋，后加后包等辅助建筑组合而成。民居因组合变化而有特定的称谓，如三座落两厢处理成厅堂形式称“八厅相

⊙佛山市顺德区北滘镇碧江村的职方第大厅

云浮市郁南县连滩镇西坝石桥头村“光二大屋”内座建筑入口大门与晒场

“光二大屋”中轴祠堂

“光二大屋”中轴祠堂天井

⊙湛江市雷州市天井院落式民居

向”；“三座落”两侧各带两从厝、后带后包者称“驷马拖车”；当大型民居房屋超过百间时称“百鸟朝凤”。等级较高一些的宅居府第，常由五开间的三座落平面为基本单元加以组合，还有超过“五间过”者，如“七间过”，潮州三达尊黄府、潮州东府埕许府，就是属于七间过组合的大型平面。

围寨与围楼是潮汕村落一种集居式住宅。主要目的是防海盗、野兽。据《潮州志·兵防志》记载：“堡寨，古时大乱，乡无不寨。”潮汕围寨多见于滨海的平原地带，围楼则分布在丘陵和山地，如饶平和潮安山区等地。滨海的地势辽阔平坦，可以建造规模巨大的“围寨”；而山区山岭多起伏，平坦的地少，只能向空中发展，建造面积较小而楼层较多的“围楼”。寨（楼）大都建于明末清初，主要有圆寨、方寨、八角形寨、多边形寨、马蹄形寨、布袋形寨等。有的地方把寨称为“寨堡”。

⊙湛江市雷州市民居偏院天井

湛江市雷州市民居外观立面

湛江市雷州市纪家镇周家村民居门楼装饰

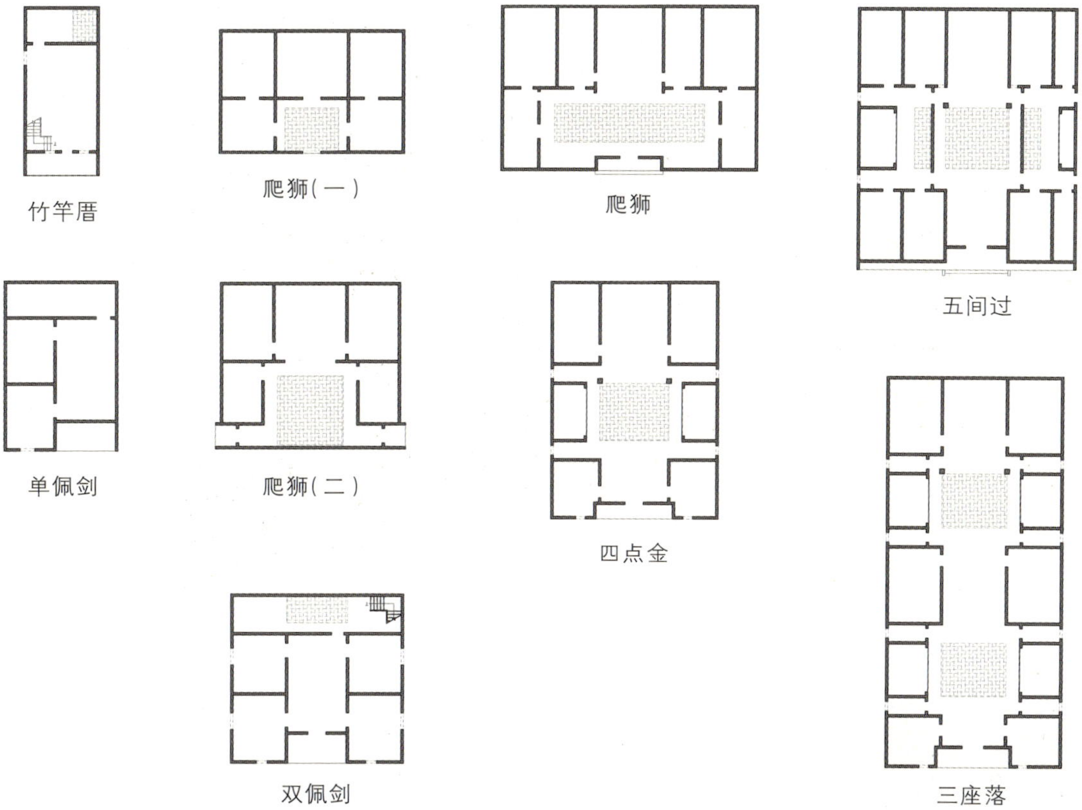

潮汕民居基本类型

湛江市雷州市纪家镇周家村周家楼山墙装饰

⊙潮汕“四点金”民居组合

⊙潮汕大型民居外观

（4）客家民居

客家民居形式多样，但无论何种类型，何种形式的围屋或围楼，都是以宗祠为中心的带有防御功能的建筑。广东客家民居主要类型有堂横屋、杠屋或杠楼、围龙屋、四角楼、圆形与方形围楼等形式。

客家民居由公共部分和家庭生活部分构成。公共部分包括祖堂、公厅，天井庭院、门堂、禾坪及池塘为家族公有，大家共用；住房、厨房、畜圈、谷仓等为各家庭所有。以厅堂为核心展开其家族生活。居住空间的不同组合，产生出不同的建筑类型。

围龙屋是广东兴梅客家地区最常见的一种集居式住宅，多建于坡地上。其分为前后两部分，前半部是堂屋与横屋的组合体，中轴对称，以堂屋为中心，两侧加横屋，数量不拘，但一定要对称设置。后半部是半圆形的杂物屋，称作“围屋”。围屋数量与横屋相呼应，以平面布局完整为原则。围屋之正中房间称为龙厅，其余房间称围屋间。

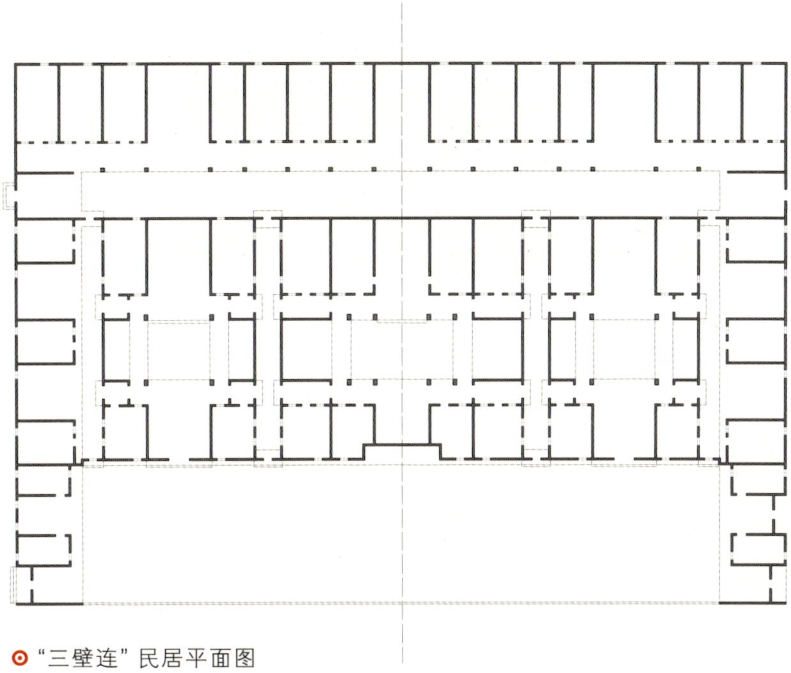

“三壁连”民居平面图

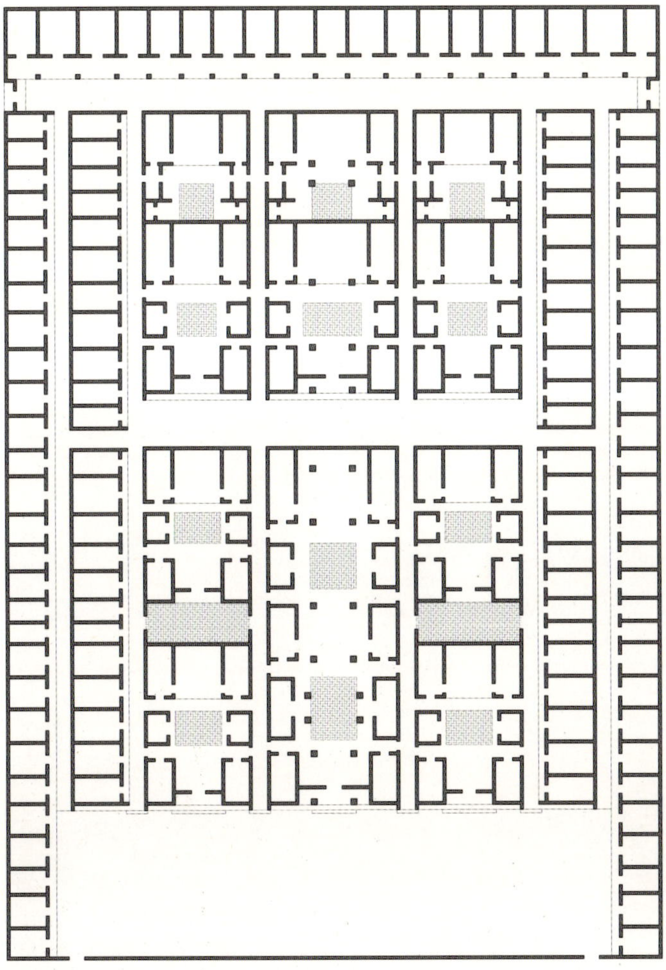

“驷马拖车”大型民居平面图

⊙潮州市饶平县三饶镇新韵楼

⊙潮州市饶平县三饶镇南联村道韵楼

潮州市饶平县三饶镇南联村道韵楼内院

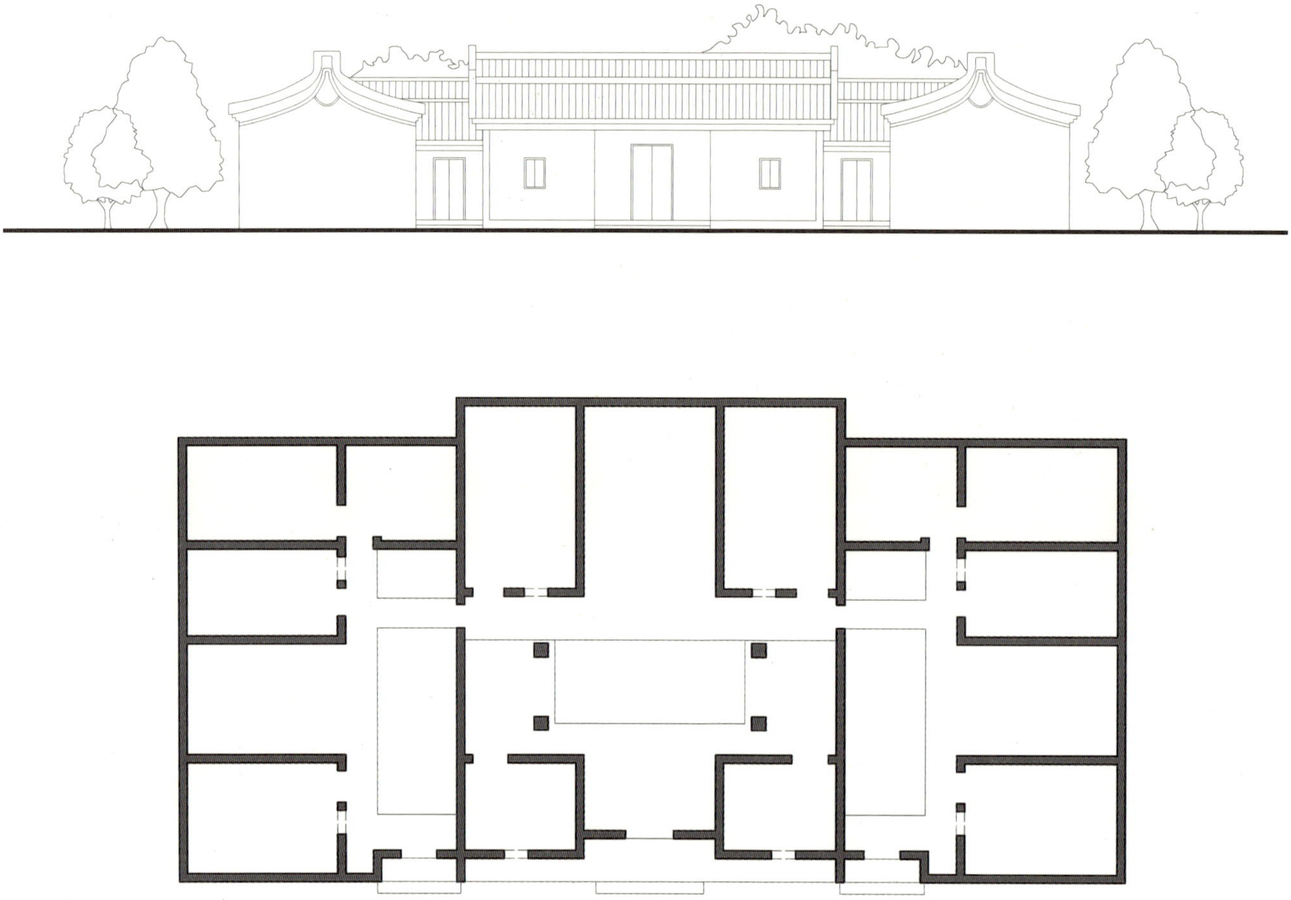

⊙客家堂横屋民居立面、平面图

围龙屋的主体是堂屋，即中轴线上的厅堂，最少的为二堂，一般三堂，最多者达五堂。三堂是沿中轴线进大门后的下堂、中堂、上堂，又叫“三进”或“三串”。下堂为门厅，饰以屏风；中堂为大厅，面积通常大于上、下堂，是家族议事与举办婚丧等活动的空间；上堂为祖堂，设神龛和祖公牌位以供祭祀。上、中堂间饰以屏风，上、下堂两侧有卧室，中堂天井两侧设花厅或卧室，堂与堂之间以天井相隔。围龙屋门前禾坪广场外围有的砌上围墙，在两端各开一个大门，形成一个封闭的院子，称作“龙虎门”。围龙屋的分布，以客家聚居梅县、兴宁为中心，向周边辐射，是广东客家数量最多的一种民居建筑。

还有一种围龙屋的变易形式，布局与围龙屋相似，不同的是将后围屋的弧形改为一字长条形，所以当地俗称“枕头屋”。围龙屋建在坡地，而枕头屋建在平地。

广东圆围楼主要分布在与福建接壤的大埔和饶平两县。方围楼平面呈方形或矩形，有的围楼在四角建有碉楼，称为“四角楼”，主要分布在粤北始兴、翁源、新丰、连平、和平以及粤东兴宁、五华一带，粤东与粤北两地的角楼各有特点。粤东四角楼内一般中央为堂屋，以三堂居

⊙客家堂横屋民居外观

⊙客家杠屋(杠楼)民居

剖面图

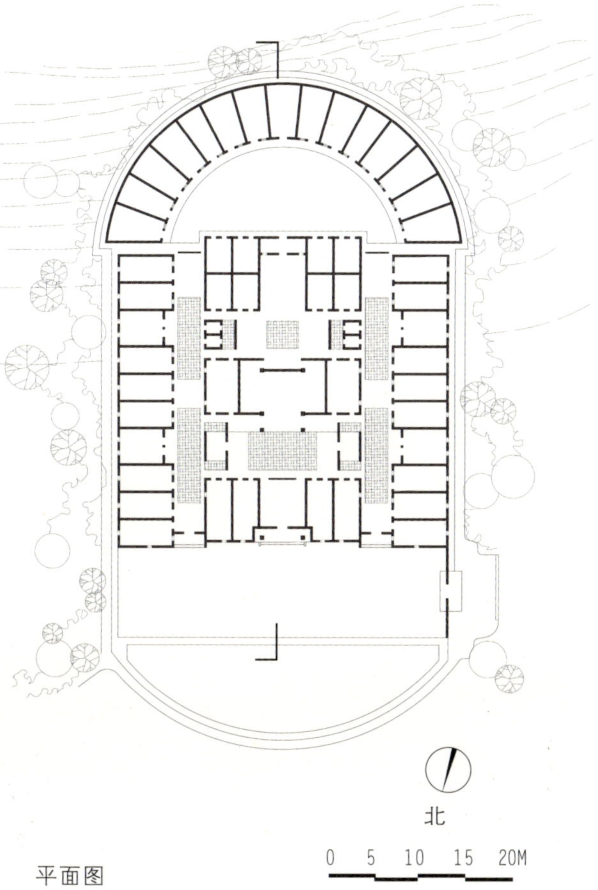

平面图

⊙梅州市梅县区南口镇围龙屋民居剖面、平面图

梅州市南口镇围龙屋民居

梅州市南口镇围龙屋民居龙虎门

梅州市大埔县西河镇张弼士故居光禄第(枕头屋)

⊙梅州市大埔县湖寮镇龙岗村泰安楼

⊙梅州市大埔县湖寮镇龙岗村泰安楼跑马廊

⊙韶关市新丰县梅坑镇大岭村潘氏儒林第

多，左右横屋和上堂外墙相连成围，四角建高出横屋和堂屋一至二层，即二至三层的碉楼。碉楼凸出檐墙1米多，正面三门，中间堂屋为入口正门，左右两侧横屋有小门，门前与围龙屋的布局相同，有禾坪、前护墙、半月形池塘等，禾坪两头建出入的“龙虎门”。粤北四角楼大多四周围合成“口”字状，内部平面布局有堂横屋，整个建筑平面为“国”字状。粤北四角楼内部平面布局还有堂横屋、杠屋、排屋等其他形式，也有四周围成两重围，呈“回”字形。

注释：

[1] 袁咏锡编．连州志：卷八：瑶排志［M］.1862-1874（清同治年间）.

[2] 蒋祖缘、方志钦.简明广东史［M］.广州：广东人民出版社，1993，236.

[3] 陈忠烈．“众人太公”和“私伙太公”——从珠江三角洲的文化设施看祠堂的演变［J］．广东社会科学，2000，1：70-76.

[4] 陈际清.白云粤秀二山合志[M].1849（清道光二十九年）.

大岭村

1. 历史概况

大岭村位于广州市番禺区石楼镇西北面，是珠江出海口沉积成的平原水网地带。古村坐东北而向西南，背枕菩山，前临玉带河，遥对金鹅岭和唐帽岭，“面之以为屏”，左连马鞍岗，右是白沙湖冲积平原，石楼河于村西北角，接玉带河环流其北，汇入狮子洋。

据《大岭村志》载，大岭村建村于北宋宣和元年（1119），原名“菩山村”，于明嘉靖年间（1522—1565）建大岭圩，从此得名为“大岭”。大岭村风景优美，村落格局完整，历史遗存丰富，传统建筑精美。因为出了34个进士（包括探花1名）、53个举人和100多个九品以上的官员而闻名。

2. 村落形态

珠江三角洲传统村落多依山而建，前对半月形水塘，形成榕树、水塘、镬耳墙的村落景观。村民们三间两廊的住宅一家接着一家，形成整齐有序、横平竖直的格局。住宅群前是晒场水塘、祠堂书室、门楼和榕树构成的公共空间，这种聚落形态称为“梳式布局”，在广府地区成为一种普遍的村落聚居形式。而河涌水网交错地带，则呈现聚落群巷道垂直于河涌，且随河涌走向形成自由活泼的岭南水乡景观，与规整的梳式布局聚落景观大相庭径。

由于大岭古村处于番禺大谷围东部边缘沙田与民田混合的地理，以及地处白沙湖的水网地带，决定了大岭古村聚落总体布局既类似于珠江三角洲的平原、丘陵交错地带的传统规整梳式布局，又有玉带河、石楼河涌埠头景观的岭南水乡的小桥流水，是介于自由式水乡布局与规整梳式布局之间的过渡类型。

大岭村主街道与河涌平行而行，民居巷道则与主干街道相垂直，依山势呈东北—西南走向，形成鱼骨状的交通路网。街巷麻石铺地，水渠设置一侧，沿巷边平行走向。

大岭村的祠堂与珠三角其他地区规整梳式布局的祠堂一样，建在全村最前列，所不同的是面对半月形水塘稍有变化，不少宗祠建在河涌旁，村民把流经祠堂的河涌改造成半月形水道，作泮池。

大岭主要街巷入口及村落的各个方位出入口皆有门楼门坊，至今，许多门楼坊仍然保持完好。

3. 建筑特色

（1）祠堂

显宗祠，又名“凝德堂”，是大岭村陈氏

九世祖皋夫祠，始建于明嘉靖年间，清乾隆辛酉年（1741）重修。显宗祠在大魁阁塔和龙津桥北侧，前临玉带河，坐东向西，村民俗称“桥头祠”。显宗祠为三进两天井布局，建筑宽敞、装饰华丽。

前座头门三间宽16.7米，进深12.14米，六层如意斗拱，人字硬山墙，山墙墀头饰以砖雕，博古灰塑屋脊，柱础梁枋雕饰，雕工精细，图案精美。大门左右置石墩，石墩正面石雕西洋儿童像，为番禺传统建筑所罕见。大门上牌匾书写“显宗祠”三字，两旁对联：“蓂开玉叶，兰发珠华。”宗祠东西两侧设有青云巷，宽2.3米，隔巷建有副楼。前座与二进中座之间的天井用白麻石铺砌，两侧有连廊相连。中座檐廊石柱对联：“举目毋忘宗祖德，回头还望子孙贤。”显宗祠中、后座均宽16.7米，中座檐枋上共有一排21组如意拱承托飞檐，两端的栌斗雕成金狮，其他19方栌都雕成各式夔龙、卷草等图案。梁枋上都雕有高浮雕历史人物，以及卷草龙、鳌鱼等图案。头门的木雕精湛生动，富有岭南地方特色，构成了一组富丽堂皇的木雕艺术品。

两塘公祠始建于明朝永乐年间（1403—1425），清朝光绪年间（1875—1908）曾重修一次。祠堂坐东北向西南，三进，硬山顶。建筑外围墙体用蚝壳砌筑而成，山脊以灰塑为装饰，龙飞凤舞，栩栩如生。梁枋以木雕装饰，前座饰有砖雕、石雕。两塘公祠门前有一棵同期种植的菩提树，至今已有数百年，树高超过15米，树干直径有1米，为现在番禺境内历史最长久、树体最大的菩提树。

陈氏大宗祠即柳源堂，始建于宋代。柳源堂位于大岭村中部，占地面积300平方米，门口广场700平方米。广场东侧立有五对旗杆石，台高1.24米，长1.44米，石高1.6米。一行共五个石台，前三对旗杆夹石都是花岗岩白麻石砌成，第四、五对夹石由红砂石建成。

（2）民居

较有特点的是陈永思堂，又名“花园”，于清朝道光丁未年（1847）始建。陈永思堂东西宽84.7米，南北深36.1米，用地面积3000多平方米。陈永思堂的中座是仿南阳府二堂格式，正厅居中，前后天井，左右两廊，每边一厅一房。西侧为厨房，厨房内有“三眼井”。东侧为花园，占地较广，花园中为池塘，池中有小拱桥。池塘傍建船厅“爱莲轩”，“爱莲轩”和“文魁”二匾在轩中。

（3）大魁阁塔

大魁阁塔，村民称“文昌阁”。坐落在大岭村龙津桥西堍南侧，建于清朝光绪十年（1884），三层阁式砖塔。塔高约20.5米，呈六角形，水磨青砖墙体。塔基高0.7米，花岗岩白石砌成。底层门上镶花岗岩白石额刻“作镇菩山”四个阴文正楷大字，落款“光绪十年三月李文田”。第二层开竖长方形石框窗，镶石额“司令司忠”四字。第三层开六角形石框窗，镶石额刻“日月齐光”四字。瓦顶前檐13行，向上减缩成六角攒尖瓦顶，卷翘脊。塔刹立绿色琉璃宝葫芦。塔内各层均铺设木质楼板，有木梯盘旋可上。

（4）“贞寿之门”石牌坊

“贞寿之门”石牌坊，建于清朝光绪年间。位于大岭村北往龙濑村道路转角处，坐北向南，西靠玉带河古埠头，东临菩山角下的姑婆庙。古牌坊为四柱三门三楼石质牌坊，由花岗岩石块构成。正中门上石横匾刻“贞寿之门”四字，左门横匾刻“同享”，右门刻“百龄”，中间两柱正面刻“贞门帝予千秋表，寿域天为二母留”一联，背面刻“苦节可贞两母其颐臻上寿，考思锡类九霄沦字霈皇仁”一联。贞寿之门是为文林郎陈达华妻蔡氏、妾冼氏而立，二人守节养大女儿，并都活到百岁寿终，经历六朝皇帝。当年陈达华居住大岭西约坊“菩山第一门”旁的一条里巷内，皇帝下旨后，这条里巷便改名为“百岁里”。

（5）龙津桥

龙津桥建于清朝康熙年间，全桥用红石（红色沙砾石）建造，东西横跨玉带河，桥长28米，桥宽3.2米，一墩二拱。桥面两侧各为16柱石栏，栏板上刻有莲花纹、八宝花纹以及“八仙过海”和“鲤鱼跃龙门”等浮雕。桥北侧一方雕有番奴像，作双手捧盘顶在头上。

⊙大岭村总平面图

“贞寿之门”石牌坊

龙津桥

显宗祠南北牌楼

两塘公祠外围墙体用蚝壳砌筑而成

村落街巷

门楼

⊙显宗祠前座门头

⊙显宗祠宽敞的天井

⊙显宗祠祖宗牌位

⊙陈氏大宗祠

⊙民居内神龛

⊙民居内景

⊙陈永思堂圆洞门

塱头村

1. 历史概况

塱头村位于广州市花都区炭步镇西南2千米，立村于元朝至正二十七年（1367）。村落现有600多户人家，3000多村民。明朝，属南海县管辖。在清朝康熙年间，从番禺、南海等县划拨土地、山塘、人口、丁徭，建花县。康熙二十五年（1686）正月，原南海炭步塱头村正式归为广州府花县。2000年，划归广州市花都区。

2. 村落形态

“塱”指临水的低洼之地，塱头村的南面为大片湖泊，“塱头”含意村落位于湖边小丘上。村前有3口古井及3处半月形的水塘，水塘周边遍植荔枝树等。村落背岗临水，分西、中、东三块，分房族管理。

塱头村坐北朝南，为结构规整的梳式布局，占地约6万平方米，分为三社，以一条狭长的小河相分隔，名曰“深潭”。塱东、塱中两社相邻于河东，塱西社位于河西。村内现存约200座明清古建筑，其中有祠堂、书院、书室约30座，炮楼、门楼3座，古巷道20多条。前排临水以“黄氏祖祠”居中，两旁依次建宗祠、书院、书室，其后为住宅，巷道口设木闸防盗。

3. 建筑特色

（1）祠堂

塱头村最引人注目的是几十座祠堂以及书屋、书舍，一排排镬耳山墙气势恢宏。祠堂主要有黄氏祖祠、渔隐公祠、留耕公祠、云涯公祠、景徽公祠、以湘公祠、乡贤栎坡公祠以及有接旨亭的友兰公祠等。祠堂最早的建于明代，大多数建于清代。祠堂以雕饰见长，灰塑、石雕、木雕、砖雕等装饰手艺得到灵活运用。

友兰公祠是最有名气的一座，位于塱西社。始建年代不详，曾于清嘉庆六年（1801）、民国16年（1927）两度重建，坐北朝南，三间三进，供奉15世祖黄学基。祠中有十分罕见的接旨亭，方形，高约5米，亭内悬挂“芳徽克绍”匾。祠内还有一幅意义深刻的壁画，白菜4棵，表示了先祖对后人的希望：即便生活艰苦，也要读书。其家人“七子五登科，父子两乡贤”，带动了全村好学之风。

（2）民居

塱头村古宅多，民居多为明清时代的三间三进或者三间两进布局。建筑之间以小巷分隔，巷名大多含有吉祥寓意。民居大量使用灰塑、砖雕和石雕等装饰，喜好喜鹊、麒麟等吉祥题材。

精美的山墙多为镬耳或者人字形。镬耳

墙，亦称“锅耳墙”。镬，形如大盆，是古时的一种大锅。镬耳民居从正面看两边高耸的墙体呈镬耳形，从侧面山墙看就像一个“凸”字，犹如古代的官帽，有独占鳌头之意。镬耳墙最早出现在官宦及获取功名之家，普通百姓、商贾人家不得采用。清代以后，原有等级制度被打破，故许多民居山墙都做成镬耳状，可以说，“镬耳屋”是传统广府风格民居建筑的典型标志。

（3）书院、书室、书舍等文教建筑

塱头村的历史遗存中，最大的特色就是拥有众多的书院、书舍等教育设施，如台华公书院、耀轩公书室、文湛公书室、稚溪公书室、谷诒书室、南野公书舍、俭斋公书舍等约34所，数量远多于其他古村。

历史上该村曾出过进士12名、举人10名、庠生8名、秀才15名，村内现还留有当时中举文人所立的四对旗杆夹，友兰公祠前就竖有旗杆夹石两对，分别为清咸丰元年（1851）辛亥恩科乡试第五名副榜黄湛莹、咸丰三年（1853）癸丑恩科考选第一名贡生黄庭槐所立。

（4）“昇平人瑞”牌坊

牌坊用花岗石造，为三间四柱冲天式，高5米多，明间宽3.1米，次间宽1.6米。牌坊柱下镶抱鼓石，柱头立石狮。根据牌坊上的题刻可知，此坊乃是乾隆壬子年冬日所立的贞节牌坊，正面刻“昇平人瑞”、背面刻“百岁流芳”。

（5）青云桥

以前炭步有首民谣，提到“茶塘庙、塱头桥”，说的就是塱头村的青云桥，青云桥又名“玉带桥”，横卧于村东面的鲤鱼涌上。以前这里水清，村里人经常在桥下划船、游泳。桥始建于明正德二年（1507），原为红砂岩石桥。清代光绪年间重修时改为花岗石构筑的双洞拱桥，桥长20.85米，宽4米，高4.7米，桥的两头都设有上去的石阶，桥上有石栏杆。1958年建设灌溉渠时利用青云桥的桥身作为渡槽基础，并将桥面改为渡槽之用。

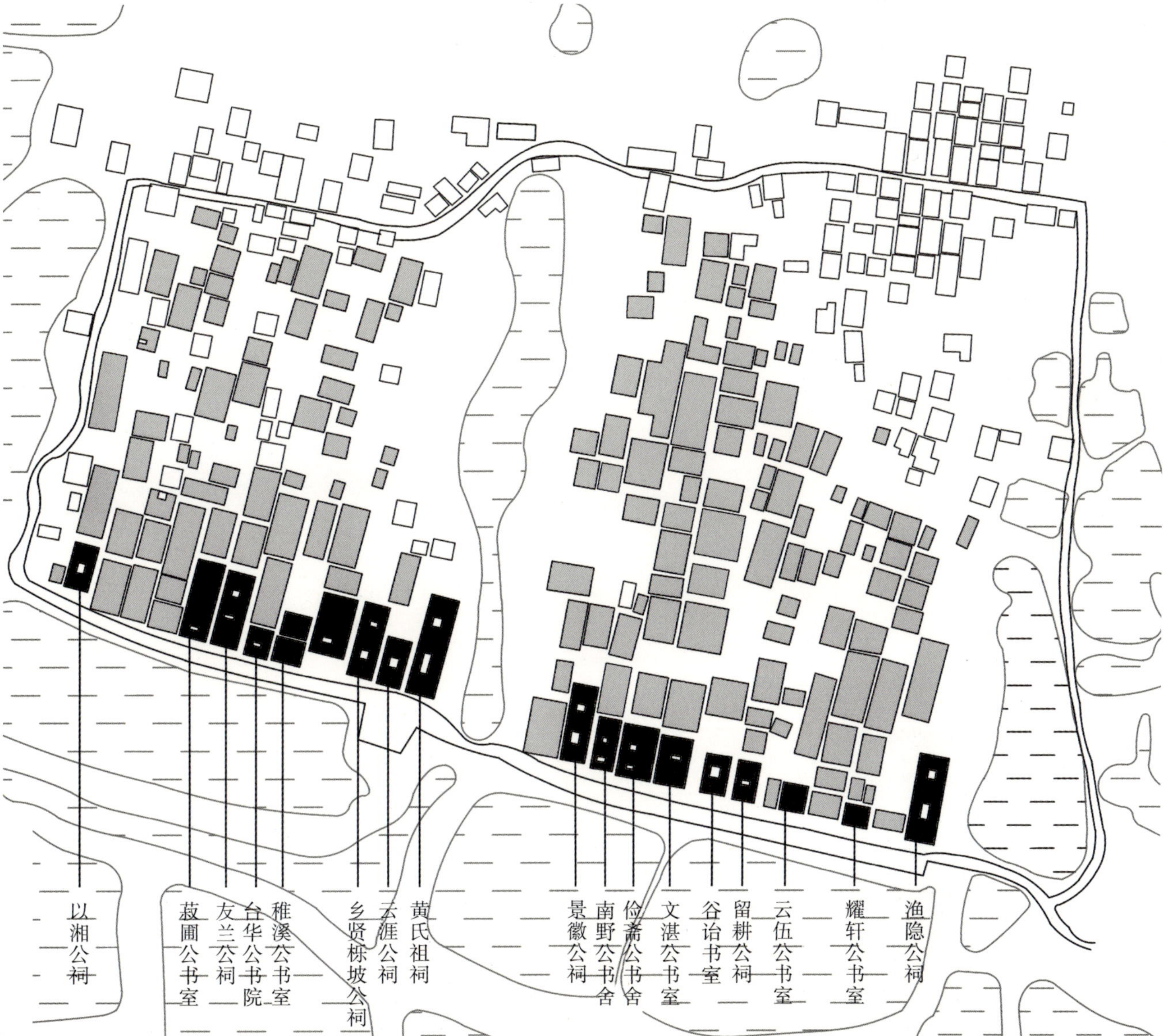
以湘公祠
菽圃公书室
友兰公祠
台华公书院
稚溪公书室
乡贤栎坡公祠
云涯公祠
黄氏祖祠
景徽公祠
南野公书舍
俭斋公书舍
文湛公书室
谷诒书室
留耕公祠
云伍公书室
耀轩公书室
渔隐公祠

塱头村总平面图

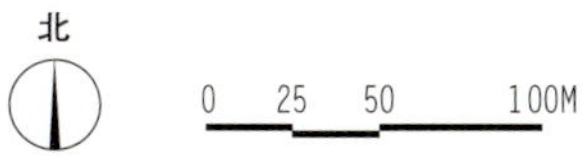
北
0 25 50 100M

谷诒书室

墀头石雕细部

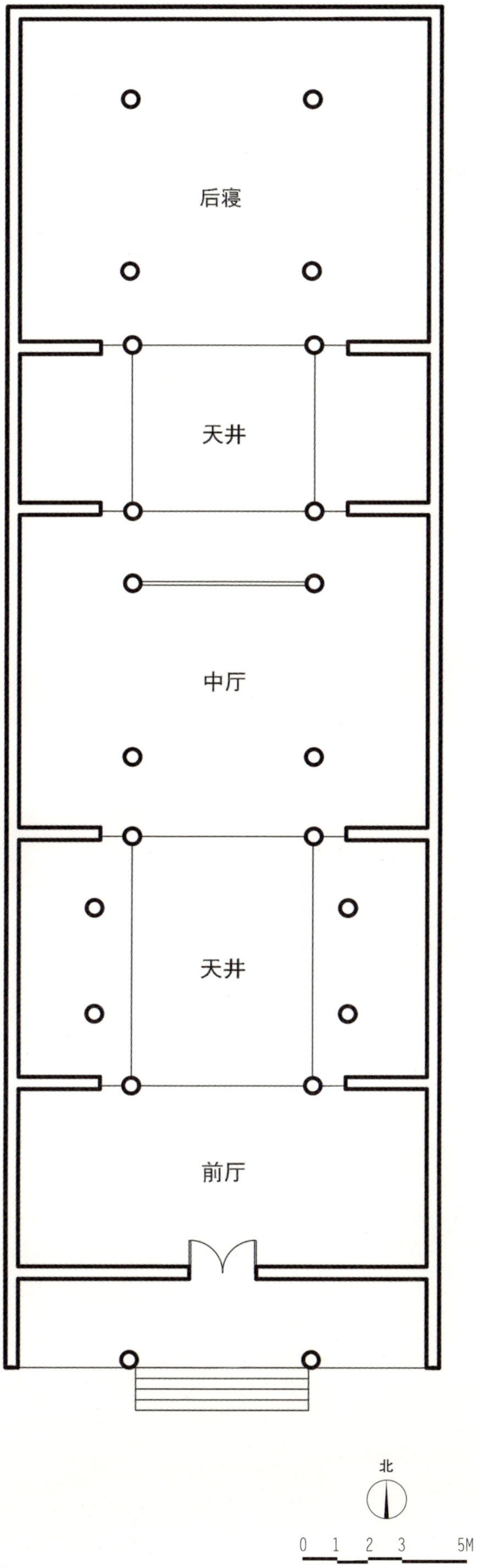

⊙景徽公祠平面图

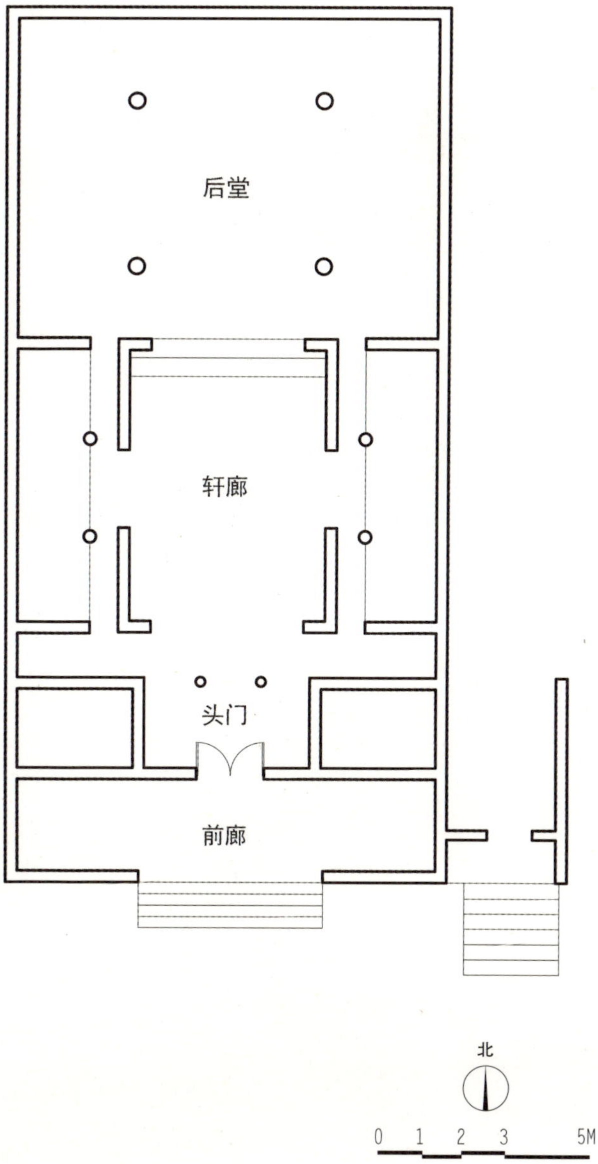

⊙谷诒书室平面图

⊙菽圃公书室

⊙文湛公书室

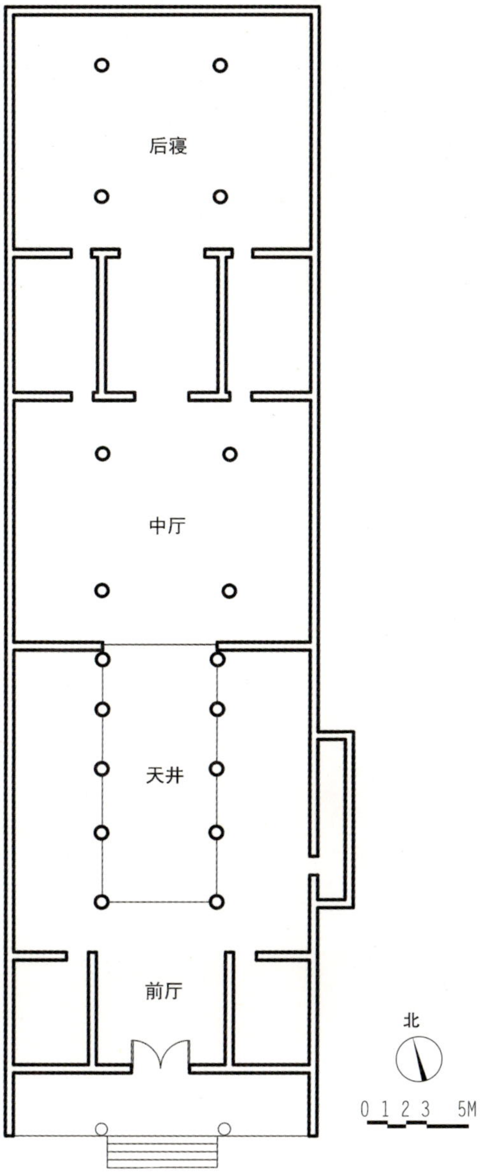

⊙渔隐公祠平面图

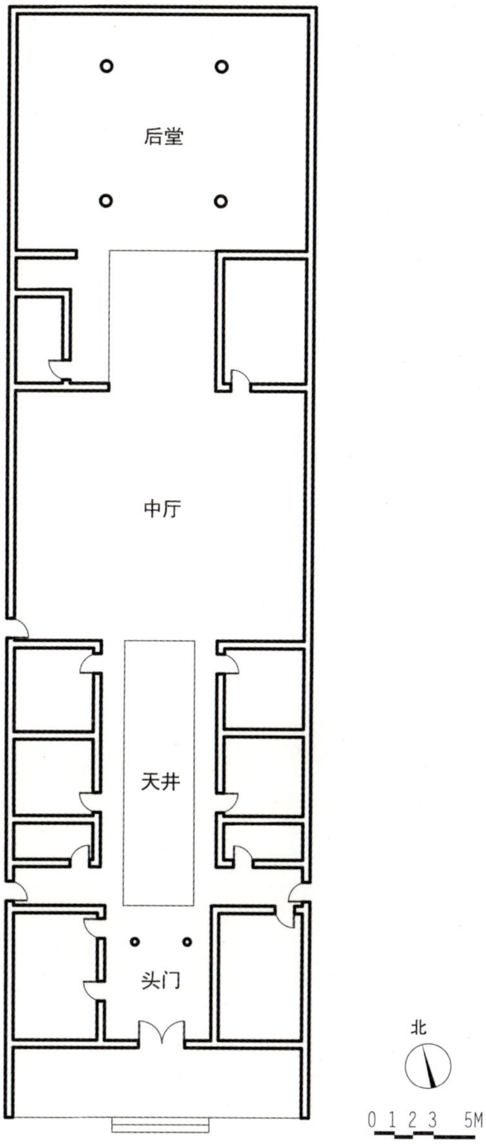

⊙黄氏祖祠平面图

⊙黄氏祖祠

⊙祠堂石雕细部

⊙祠堂石雕细部

⊙祠堂墀头砖雕细部

⊙祠堂墀头砖雕细部

⊙祠堂墀头装饰

⊙祠堂石柱础

⊙友峰汤公祠

⊙明峰汤公祠

⊙友兰公祠

镬耳山墙

“昇平人瑞”牌坊

民居照壁砖雕

黄埔村

1. 历史概况

黄埔村位于广州市海珠区原新滘镇，现属海珠区琶洲街，清代康熙年间已拥有几千居民，并有北帝庙等宫庙建筑，是黄埔古港遗址所在，至今已有1000多年的历史。

南宋时期，黄埔古港已是“海舶所集之地”。明清时为广州港的重要组成部分，是清代以来广州海上丝绸之路的必经港口。清康熙二十四年（1685），清政府设立江、浙、粤、闽四大海关，次年粤海关在黄埔村设黄埔挂号口（即粤海关的检查站），征收关税。并明文规定：凡载洋货入口外国商船，不得沿江湾泊，必须下锚黄埔，并不得在别地秘密将商品销卖。1757年，清政府独留粤海关“一口通商”，接近一半的全国外贸出口由黄埔古港实现。

唐代黄埔村是江边泥滩，称作“浦”，指“水边或河流入海的地方”，后来因冲积泥沙增多，“浦”改为“埔”。由于黄埔曾长期是“海禁”封关锁国时唯一对外贸易和人员往来的口岸，外国商船经常碇泊于此。现黄埔古港因河道淤塞已不适合大型商船停泊。

2. 村落形态

黄埔村作为黄埔港中心地持续了大约100多年，黄埔村虽然只是村，但现黄埔村仍保留着昔日城镇的坊、街、里、巷的名称，村中留有许多古建筑，包括祠堂、庙宇、民居等。以前黄埔村里有洪圣庙、天后宫，是沿海村民出海时祈求平安的场所。

村落平面呈组团式的网络格局。巷道规整有序，宅在巷道两侧，院落套院落。“水绕村，村绕水”是对黄埔村空间格局生动的概括，村落与古港相伴相生的共同纽带也正是河涌水系的交织。依照广府地区的建造习俗，氏族聚众而居，祠堂是最重要的公共建筑。宗祠均面向池塘而建，以斑块状水面联系起来的宗族祠堂建筑群构成了村落公共空间核心与村落空间肌理。以祠堂、水面、街巷、民居群的区域关系，可以看到梁、冯、胡、罗四大姓氏家族的居住分布。

黄埔村坐西北向东南，面对水塘，为典型的广府乡村梳式布局。村中还保留了不少古老的街巷和大量的历史文物建筑。因港口经济兴盛一时，黄埔村里青砖灰瓦镬耳房屋上砖雕、木雕、灰塑及村中青石板路随处可见，具有明显的岭南建筑风格特色。

3. 建筑特色

黄埔村有重要古祠堂12座、家塾3处、庙宇

1处、园林建筑1处、古民居8处、黄埔古港遗址1处、冯氏祖墓1处。

（1）祠堂

全村原有祖祠36座，现存19座，承袭了岭南建筑的传统风格，但在某些细部上，具有异于传统的装饰作法，体现出黄埔村是一个受到西方文化影响的村镇。保留下来的古宗祠大多空置，有些发生了功能变化。

梁氏宗祠是十三行行商梁氏家祠，位于阜康里7号，离黄埔村东入口不远，为清道光元年（1821）重建。宗祠堂皇华丽，屋脊龙舟形，人字山墙，入口门厅山墙墀头砖雕精美完好，门额“梁氏宗祠”四字为清朝进士鲍子桐题写。梁氏宗祠原有三进，中厅为“咸正堂”。祠堂右侧有多间书房，书房后面还有宗祠花园。可惜过去这座曾经光芒四溢的祠堂，如今仅剩有首进及头门后的天井院落。梁氏宗祠为砖木结构，坐东向西，头门三开间，面阔18.4米，深7米，天井10米。

晃亭梁公祠位于荣西里口边，三间两进，清嘉庆九年（1804）建，厅堂为“师俭堂”。

化隆冯公祠也位于荣西里，现为黄埔华侨、港澳同乡联谊会之一，每年回来祭祖的海外乡亲都在此相聚。文堦冯公祠坐落在乐善里4号，面向一口大水塘，文堦公是冯氏第十五世，因子孙多人发达，于是建分祠堂。其后人多住在来燕里、横辰里以及乐善里，也是黄埔村保护较好的古民居群。云隐冯公祠建于清康熙五十八年（1719），是冯氏一族为纪念冯氏五世云隐公先祖而建。

胡氏家族是村中的大族，据说昔日在村中仅祠堂就建有七座之多。位于保昌大街东侧的胡氏宗祠始建于清同治十三年（1874），至今有140多年的历史了。祠堂为三间三进两廊式的布局，砖木石结构，中厅“慎徽堂”。主体建筑面阔12.4米。祠堂总面阔33.36米，总进深44.85米。祠堂硬山顶灰绿筒瓦屋面，砖雕、石雕、木雕、灰塑精美，题材多样，石雕有“双凤朝阳”“官员出巡图”，灰塑有“喜（喜鹊）上眉（梅花）梢”等，特别是木雕，饰有瑞兽、佳果，颇具岭南珠江三角洲地域特色。

（2）私塾

各宗族常建有私塾，梁氏家族行商热衷公共文化事业，并于家族驻地兴办私塾培养子弟。左垣家塾为广州十三行之天宝行行商所筑，建筑三间两进，内有“急公好义坊”一座。私塾书舍与祠堂同为家族公共场所，功能互通，常将二者组织在一起，所以左垣家塾开敞通畅。

（3）民居

保存完整的民居建筑尚有73 处。或依水而建，或里巷分隔。如拱辰里、永康里、平燕里、太平里、中正里等多为青石板铺砌，整洁宜人，名人故居不胜枚举，如子牙居、涉趣园、冯肇宪故居、胡璇泽故居等，工艺制作上乘，高大的镬耳山墙，青砖磨缝砌筑厚实，门头和窗罩采用各式灰塑造型，砖、石、木雕刻精美，而院落天井内的门洞、漏窗、花池以及灰塑门联装饰也都为上品。

惇庸街有一栋亦中亦洋的两层楼房，其外观与周边中式建筑完全不同，人们习惯称作“日本楼”。楼主人为本村村民，20世纪初东渡日本留学，娶日本姑娘返村后盖起这座楼房。凹形的两层平面布局，首层中部为厅堂，青砖墙面砌筑，日式坡顶，中式瓦面，院门做成明治维新后日本吸收西方元素的折衷主义的形式，中外建筑要素合一。

（4）神庙

始建于宋代的北帝庙，又称“玉虚宫”，

是一座供奉玄武水神的道教建筑群。珠江三角洲民间拜北帝，许多村落都有北帝庙。黄埔村北帝庙主体建筑为砖木结构，坐北向南，面阔三间，深二进。偏殿为水月宫、张五爷庙，建筑布局与北帝庙同。现庙内保存了九方碑记，记载了广州外港对外贸易的发展史。村内原有的神庙多祭拜海神。

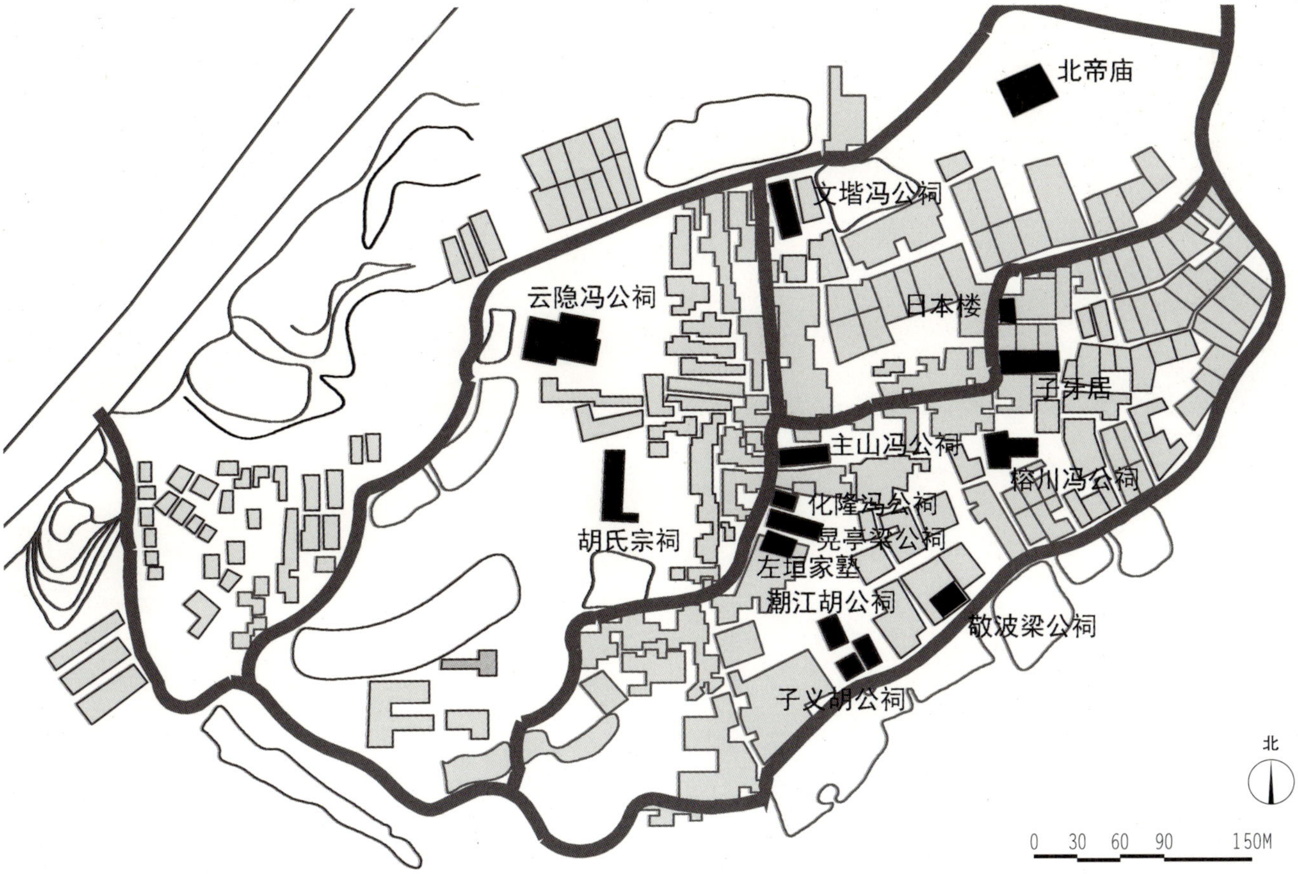

⊙黄埔村总平面图

玉虚宫真武殿前的亭台

玉虚宫道教建筑群

⊙永康里

古井

⊙化隆冯公祠

⊙公祠两旁的石雕装饰

⊙照壁前的装饰

寝堂

晃亭梁公祠天井

晃亭梁公祠

师俭堂寝堂

晃亭梁公祠厅堂师俭堂

晃亭梁公祠

左垣家塾

惇庸街“日本楼”大门

⊙惇庸街“日本楼”

⊙镬耳山墙

大旗头村

1. 历史概况

大旗头村位于佛山市三水区乐平镇，由于村落一侧的河涌建有大桥，因此原称“大桥头村”。明朝初年，来自佛山南海官窑南浦村的钟姓始祖福安公迁居于此。明嘉靖五年（1526）左右，来自当地蚺蛇村的郑姓始祖康泰公（三水县蚺蛇郑氏十世祖）定居于此后，村中以郑姓为主，故又名“郑村”。

清代光绪年间（1875—1908），大旗头村由广东首任水师提督郑绍忠开始建造新村。郑绍忠死后，葬于村西南的老虎冈。由村里远眺，郑绍忠墓如大旗飘展，于是后人改村名为大旗头，该村名一直沿用至今。

从郑氏宗族的构成看，开基祖的四个儿子分别居住在村落的南、北、东、西。郑绍忠的入仕对大旗头村的影响最为深远，重新构建了宗族各房的权力空间。郑绍忠家族通过垫土抬高地坪，建筑祠堂家庙群，其高大的府第、醒目的镬耳山墙凸现了其宗族之地位。

大旗头古村采用了粤中地区典型的梳式布局，集民居、祠堂、家庙、府第、文塔、村前广场以及池塘于一体，村落布局完整，每家每户都采用镬耳山墙及三间两廊民居式样，整个古村完整地表现了广东粤中农村民居的特点。

大旗头村人历代重文，曾出过六个状元。

2. 村落形态

大旗头村坐西向东，西面背依老虎冈、大窝冈、企冈等山冈，东面为乐平涌环绕，其间为平整的田畴。古建筑现存60多座，面积约1.4万平方米。

大旗头村前方塘名为“洗墨池”，塘基砌以石坎，通过地下排水系统和倾斜的地势，将雨水汇入到水塘中。村前的禾埕广场寓意纸，塘边的文塔代表笔，塔下有两方石，大者高近一米，如砚，方块小者状如黑锭，组成文房四宝——笔、墨、纸、砚，寄托着先人对后代的殷切期望。后人在文塔旁边种植了一棵高大的红棉树，寓意读书做官，出人头地。

整个建筑群为水磨青砖墙面建筑，巷道全为花岗岩石板铺砌。村中古建筑群密集整齐，小巷纵横，梳式布局既便利交通，又兼具防火通道的作用。每小巷建有闸门楼，山墙立面不开窗。在村落空间形态上，郑姓主要分布于村西南区域，钟姓分布于村北区域，两姓之间相对独立。现今村落东向和北向之间，早年曾有庙宇，供奉洪圣大王。洪圣大王本名洪熙，是唐代广利刺史，廉洁爱民，精通天文地理，曾经设立天文气象观测所，出海的渔民和商人都颇受其益。

大旗头村的下水道排水系统非常合理，结合村中的地形，所有由屋檐流下的雨水排到天井小巷并由“渗井”泄入暗渠，经暗渠全部排入水塘。小巷全部以条石铺砌，排水眼都统一凿成钱眼的模样，以便清理暗渠和疏浚作下水道。

3. 建筑特色

大旗头村是集祠堂、庙宇、私塾、民居及风水塔等为一体的大型建筑群。

（1）祠堂

村东自文塔北门沿水塘依次分布有郑氏宗祠、裕礼郑公祠、振威将军家庙；村南分布有奉政大夫家庙、裕仁郑公祠；村西的祠堂巷中分布有慧清钟公祠、永康郑公祠和大道钟公祠；村北有郑大夫家庙。这些祠堂、家庙都是大旗头村祭祀、节庆、婚嫁和丧葬活动的场所，过去也是村落教育中心（私塾）和宗族管理中心，体现出村民以宗族、血缘关系维持和谐的村落社会。

由于先祖曾沐皇恩被封为“振威将军”和“建威将军”，因此，振威将军家庙和建威将军家庙是本村的标志性建筑。其用料之讲究、装饰之华美，为当地之最。建筑群的木雕、砖雕、石雕、陶塑、彩画等建筑工艺极具匠心，艺术水平很高。

（2）民居

建筑规整而纵横贯通，呈梳式布局，整个古村落共由四组梳式布局的建筑群组合而成。最为突出的是郑绍忠修建的民居建筑群，每座建筑采用硬山镬耳山墙，内部全采用广东典型的三间两廊民居式样。住宅内的天井两侧是行廊和厨房，正房三间，中间厅堂由一木质屏风分隔为厅堂和卧房，卧房内设存放杂物的木阁楼，屏风前有神龛，供奉祖先。

郑绍忠之子所居房屋墙内原有钢筋及铁板为防盗设施，墙裙用花岗石筑成，屋顶采用双层檩条，并在间隔中安置了防盗钢网。民居建筑形成了外部空间封闭，内部之间以天梯相通的严密防盗系统。

（3）文塔

塘边的文塔是一座风水塔，为三层楼阁式砖塔。塔平面为六角形，坐落在石砌基座上，石台阶有石护栏，塔身每层都砌出柱、额、门、窗形式，面宽和高度自下而上逐层减少，首层刻有额枋“层峦叠翠”，顶部设有窣堵坡。楼层辟门窗，可以登临眺望。

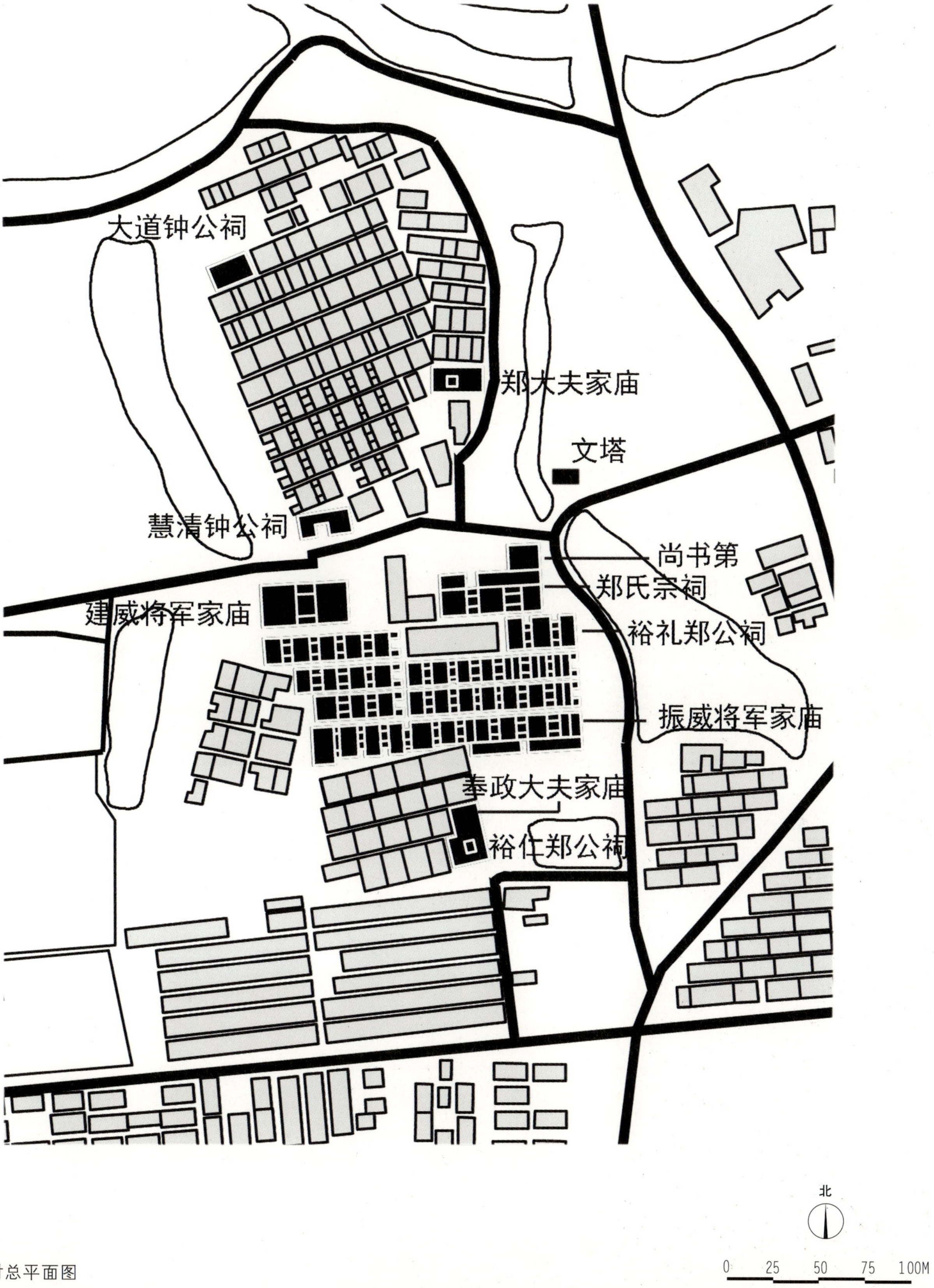
大道钟公祠
郑大夫家庙
文塔
慧清钟公祠
尚书第
郑氏宗祠
建威将军家庙
裕礼郑公祠
振威将军家庙
奉政大夫家庙
裕仁郑公祠
北
0 25 50 75 100M

⊙大旗头村总平面图

⊙三层六角楼阁式文塔

⊙郑氏宗祠

⊙郑氏宗祠内天井

⊙村落纵向巷道

⊙民居墀头砖雕（细部）

⊙民居墀头砖雕（细部）

⊙民居墀头砖雕（细部）

⊙民居墀头砖雕（细部）

⊙民居墀头砖雕（细部）

⊙民居墀头砖雕

池塘前民居

郑氏宗祠

三间两廊硬山镬耳山墙

⊙村前禾埕广场

⊙民居内神龛

⊙古井

巷道既便利交通，又兼具防火通道功能

振威将军家庙

鹏城村

1. 历史概况

鹏城村即大鹏所城，位于深圳市东部大鹏镇，南临大亚湾、背靠排牙山，始建于明洪武二十七年（1394），是明清两代南中国海防军事要塞。为了抗击倭寇而设立的大鹏所城，是广东省不可多得的大型古建筑群。深圳今称“鹏城”，即来源于此。鹏城村在明清两代共出十几个将军。

明代初期建立的“卫”“所”是最基本的军事编制单位。明洪武年间（1368—1398），广州左卫千户张斌奉命筑“大鹏守御千户所城”。大鹏所城战略地势险要，从海路扼守珠江口，防备外敌入侵广州。清代大鹏所城将士在赖恩爵将军带领下取得了鸦片战争首战——九龙海战的胜利。大鹏所城是我国保存最完整的明清海防卫所，也是研究明代卫所军事制度的重要实证。

2. 村落形态

大鹏所城的得名源自当地的自然环境，过去属新安县管辖，新安城东有大鹏山，由“罗浮逶迤而来，势如鹏然”，故名之。经历了600年风雨，格局依旧。其选址除从战略考虑外，充分适应了地形特点，例如，为了防暴雨洪水，每家门口都设有挡墙；为了防止台风的侵袭，房子都盖得比较矮而密集；为了防日晒，小道曲折通幽。同时，由于经济条件的原因，房屋集中布置，节约了用地。

整个古城呈方形布局，地势北高南低。据康熙《新安县志》记载：“沿海所城，大鹏为最……内外砌以砖石，周围三百二十五丈六尺，高一丈八尺，址广一丈四尺，门楼四，敌楼如之，警铺十六、雉堞六百五十四，东、西、南三面环水，濠周围三百九十八丈，阔一丈五尺，深一丈。”

大鹏所城格局完整，有雄伟的古城门，古色古香的老宅，特别是气势宏伟的将军府第。街道空间特色突出，城内有东西、南北向的主要街道三条：南门街、东门街和十字街。街道宽约四米。城内主要建筑有参将署、县丞署、军装局、关帝庙、天后宫、守备署、赵公祠、华光祠、刘起龙将军第、赖恩爵振威将军第等。

大鹏所城城墙门现有东、西、南三座，其中东、南两门保存较好，皆为明代遗物。北门在清嘉庆年间被堵塞。城门内设双重门，第一道门为上下起落的闸门，设在门道的前半部分；第二道门设在门道的前后两部分的交接处，由向内开的两扇门扉组成。东城墙长306米，南墙长255米，西墙长318米，北墙长361米。城墙是内板筑夯土墙，外双面包砖。城外东南西三面环绕着深3米、宽5米的护城河。

3. 建筑特色

大鹏所城雄伟庄重、风格古朴，内有近10万平方米的明清民居建筑群，街道格局、民居风格大多是明清时期之遗存。古建筑鳞次栉比，错落有致，狭街小巷，石板铺就。城内具有重要文物价值的民居建筑17座（间）。数座建筑宏伟、独具特色的清代“将军第”有序分布，其中以抗英名将赖恩爵的振威将军第最为壮观，有150年的历史，拥有数十栋屋宇。厅、房、廊、院组合丰富，其中牌匾众多，雕梁画栋，是广东省不可多得的大型古建筑。位于大鹏所城南门附近的民居群，布局结构大多保持了所城初建原貌，条石框窗、青砖砌墙和红砖铺地，居住其中的大多是当年卫所官兵的后代。这些民居具有广府和客家两处民居的综合特点，因为深圳处于广东广府、客家民系的交汇点上。

（1）刘起龙将军第

位于古城南门街内，是一组典型的清代中叶天井院落式建筑，为清道光年间（1821—1850）福建水师提督刘起龙将军的府第。刘起龙道光六年（1826）任福建水师提督，为抗击倭寇和西方殖民者入侵作出了不少的贡献。病卒于任，皇帝诰封为“振威将军”。

刘将军第呈不规则梯形，门首横额题“将军第”。侧门内进，明间为住宅，三进三间，二厅一天井六厢房。左为后院，内有前后厢房四个，天井一处。前有长廊，明间与后院有门相通。屋顶结构为硬山顶，檐板雕刻题材多样。

（2）赖恩爵振威将军第

赖恩爵为鹏城村人，一代水师名将，曾在鸦片战争中与英殖民者交战，取得辉煌胜利。清道光年间任广东水师提督，封“振威将军”。鸦片战争爆发前夕，赖恩爵就任大鹏营参将，负责严禁鸦片走私。虎门销烟后，英殖民者不甘心失败，寻机挑衅，在九龙山炮台对面海域不宣而战，猝然开炮。赖恩爵率各艘水师船只与炮兵还击，以中国水师的胜利告终。

赖恩爵是深圳历史上的最高官员之一，赖恩爵振威将军第位于南门右侧内，建于清道光二十四年（1844），规模宏伟，建筑面积2500平方米。门首横额楷书“振威将军第”五个大字，门前有一对抱鼓石和一对石狮。将军第为侧门内进，三套三进三间，明间三厅二天井，左右次间三厅、二天井、十厅房。侧间为三进三间，三厅、三天井、十二厢房。两间前长廊有月门相通，长廊前有倒厢，正侧间有前院、侧廊，侧间有后院。前后院均有水井。瓦顶式样为硬山顶，中有灰脊。檐板、梁枋等饰金木雕刻，上绘人物故事、花鸟草木及墨书诗词等。

（3）赖氏将军府第

鹏城赖氏三代出了五位将军（三个一品、两个二品），两个提督，三个总兵官，赖氏遂成广东望族，时称“文颜武赖”。

赖英扬将军第位于正街郑才利司马第之东侧，为两进二开间一天井的府第式建筑结构。面宽7.8米，进深12.4米。大门木匾为樟木雕成，上雕五个楷书阳文“振威将军第”。大门瓦檐有较为精致的木雕，大门内有屏门，后殿前墙为木雕装成，艺术价值高。后殿内设祖宗灵牌。

赖世超将军第位于赖恩爵振威将军第对面，是赖氏第一代将军赖世超的府第。该将军第面积约150平方米，为清中期府第式建筑。大门门额上挂“将军第”匾，两边有对联：“武艺深藏须急运，功求不露显灵通。”

赖恩锡将军第位于南门附近。赖恩锡是赖

恩爵将军之堂弟，清道光年间曾任福建晋江镇镇台，正二品。该将军府长10.5米，宽9.6米，整体格局仍保存完好。

赖绍贤将军第位于西门内，规模仅次于赖恩爵振威将军第。占地面积1500平方米，有大小房间35间，为清道光年间所建的建筑群。赖绍贤为赖恩爵之长子。门首横额楷书“将军第”。檐板、梁枋、墙壁上饰以金木雕刻和绘制花鸟书法等。

赖绍林将军第位于赖绍贤将军第侧面，为赖恩爵第四子绍林居住。将军第长20.5米，宽17.6米，面积约为350平方米。门首也是横额匾题“将军第”。平面布局为侧门内进，二进二间。青砖墙体石筑墙基，硬山屋顶，房间地面铺以红阶砖，天井用条石铺砌，民居保存基本完好。

（4）天后宫

天后宫位于西门内鹏城正街，始建于明永乐年间（1403—1424），是祭祀海上保护神天后的庙宇。天后宫占地200多平方米，共分三进。门前13级台阶，走廊立着两条花岗岩园柱，精雕细琢。门楼红匾上镌着“天后宫”三个斗大的漆金行书。门两侧刻有一联：“万国仰神灵波平粤海，千秋绵俎豆泽溯蒲田。”500多年来，天后宫香火鼎盛，每年的农历三月二十三为天后生日，且每隔五年举办一次隆重的“打醮”活动。

戴氏将军第
北门遗址
林仕英大夫第
东门楼
何文朴将军第
赵公祠
李氏将军第
赖英扬将军第
郑才利司马第
侯王庙
天后宫
赖世超将军第
赖信扬将军第
刘起龙将军第
怡文楼
赖恩爵振威将军第
西门楼
赖氏将军第
赖绍林将军第
赖恩锡将军第
南门楼
赖绍贤将军第
北
0
20
40
60
80
100M

⊙鹏城村总平面图

南城门

东门街

崇兰书室

⊙老街

⊙老街

东城门

南门街

⊙赖恩爵振威将军第

⊙赖恩爵振威将军第

⊙赖恩爵振威将军第大门外石狮

将军第内景

原府第大门外的石狮子

振威将军第

将军第圆洞门

⊙民居内景

⊙将军第

南城门

振威将军第

民居内景

南社村

1. 历史概况

南社村位于东莞市茶山镇东部，距东莞市区约15千米。村落始建于南宋末年，初为戚、席、麦、陈、王等诸姓聚居的小村，后因战乱，谢氏先人尚仁公徙居于此，经数代繁衍发展，南社村形成以谢姓为主的村庄。

从明朝中期开始，谢氏先后出了11位进士、举人。南社谢姓村民以及从南社分支海内外谢氏族人已有3000多。现存的祠堂、家庙、府第、旗杆石、墓碑等文物就是古村深厚历史文化底蕴的实证。

2. 村落形态

南社村处于东江与寒溪河的冲积埔田地区，周围荔枝林茂盛，全村以长条带形的水塘为中心，16座祠堂分布两岸，构成南社村公共空间中心。过去这里是村里的祭祀核心。水塘被三座横跨其上的石桥分成四段，分别称为西门塘、百岁塘、祠堂塘和肚蔗塘。水塘两边的祠堂，占村落现在保留祠堂数的70%以上。

当年水塘为低洼地，两侧是樟岗岭和马头山。南社村古建筑群的布局不是当地典型的梳式，而是根据村落地势和水塘分布，形成船形。村东北祖坟高地为船头，高高翘起，四座水塘的地势微微下沉为船身，水塘上有三座桥——庆丰桥、四通桥和丰收桥犹如船的分隔仓。桥旁榕树高大，以四通桥旁的为最，象征船帆，取“一帆风顺”之意。

沿水塘两岸主街道布置祠堂，与水塘相垂直的有若干条向村内辐射的巷道，这些巷道随地势逐渐升高，民居建筑也沿地势逐级而上。这种以长形水塘为核心、向两侧逐级而上的布局，利于排水，同时对村落的局部人居环境也起到调节的作用。水塘边广场成为村民活动的场所。

南社村外河道纵横，交通便利，经济繁荣，也是东莞的重要墟市，加之返乡华侨带来很多财产，因此南社村的安全防御十分重要。所以，南社村修建了围墙，环古村一周全长968米。墙用红砂岩或夯土做墙基，墙体为青砖或红砂岩砌筑。围墙有东、西、南、北城门4座，小门2座，谯楼17座，现仅存村东门的一段城墙。据《南社谢氏族谱》记载，明崇祯十七年（1644）正月至八月，山寇多次劫掠南社，杀人放火。南社村建造围墙，并制定相应的守卫和管理制度，其《谕乡人守围及巷战法》《守城歌》等规章，成为守村抗击者的行动指南，先后多次成功地抵御外敌围攻。

3. 建筑特色

南社村古建筑群基本保存了明清时期的原

貌。全村共有明清祠堂、书院近30座，古民居250多座，庙宇旧址和遗址5座，古井40多口，古水塘7口，古墓葬30多座，还有古围墙及其遗址、门楼、谯楼多座。

祠堂群主要分布在古村中心带状水塘的南北两岸，在西门塘北岸有任天公祠、百岁祠、简斋公祠。在百岁塘北岸有樵谷公祠、百岁坊祠、照南公祠，南岸有谢氏宗祠、孟俦公祠。在祠堂塘北岸有念庵公祠、谢氏大宗祠、云野公祠，南岸有社田公祠。在肚蔗塘北岸有东园公祠、应洛公祠、晚节公祠，南岸有少简公祠、晚翠公祠。它们构成了独特的宗法文化祠堂景观。

祠堂除宗祠以三进布局外，各家祠、家庙则是二进四合院落形式，民居布局以三间两廊为主。

（1）百岁坊祠

百岁坊祠是一座坊与祠相连的建筑，前面是牌坊，后面连着祠堂。百岁坊始建于明万历二十年（1592）。当时南社村的谢彦眷夫妻都同时超过100岁，东莞县令李文奎上报朝廷，朝廷准予建祠，公祠命名为“百岁坊”。

百岁坊祠为三开间二进院落布局，首进为三间三楼牌坊，即四柱三间，中间高两边低，三座屋顶中间为四面坡的庑殿顶，两侧为歇山式屋顶，檐下施如意斗拱，梁枋石、木各有雕花，枋子两端下面由雀替与柱子相联，影壁须弥座为红砂岩，二进梁架木雕工艺精巧。

旁边还有百岁翁祠，是一位百岁老人临终遗命用自己所居古屋改建的。百岁翁祠为三开间三进院落布局。硬山屋顶，始建于明朝，现存有明万历二十三年（1595）《百岁翁祠记》碑刻，记载为纪念百岁老人谢彦庆而将其居所改为祠。祠内现存神台基座及碑座红砂岩石雕具有明代风格。

（2）谢氏大宗祠

南社村明清祠堂数量多且各具特色，同宗祠堂的数量之多，十分罕见。祠堂成为南社村标志性的建筑，是了解宗法制度下农耕文明以及研究明清时期广府祠堂建筑的实例。

谢氏大宗祠位于村中心，坐北向南，始建于明嘉靖三十四年（1555），前有池塘，后靠马头山。背山面水的“前有照，后有靠”的风水格局，建筑布局是三开间三进院落，二进檩条之间用卷草花纹雕刻的叉手与托脚连结。屋脊陶塑和灰塑及封檐板木雕刻工艺精美。建筑采用歇山屋顶，为广府地区祠堂少见样式。

（3）民居

民居沿巷道而建，依地形和巷道的关系而灵活多变，户型多为三间两廊房屋，如清光绪六年（1880）武进士谢汝镠的住宅。村落北部的民居建筑年代较早，土坯房较多；南部的民居建筑年代较晚，建筑质量较好，墙体为红砂岩条石与青砖砌筑，建筑用材讲究，木雕、石雕、灰塑、彩绘均精美。整个古村建筑的形制、结构、体量、用料、工艺、色调以及装饰等仍然保存着明清时期广府农耕聚落的风貌。

资政第为清光绪二年（1876）武进士、礼部主事谢元俊宅。三开间二进院落布局，凹斗式大门。前后两进之间有穹罩，二进近前檐有落地大花罩，由桃树、仙鹤、凤凰、雀鸟、花卉等木雕组成，十分华丽。

谢遇奇于清同治四年（1865）中武进士，因战功封为“建威将军”。其住宅为两栋三间两廊合二为一并置布局，两个天井院落，各自厅堂居中。院落两侧各有廊屋，两天井间隔墙开门将院落联通。正门是凹斗式的红砂岩大门。谢遇奇家庙紧挨着宅居，清光绪二十七年（1901）后人为纪念武进士总兵官谢遇奇而建，建筑为两进四合院式布局，硬山屋顶，抬梁与穿斗混合式结构。其木雕、石雕及正脊的陶塑、灰塑工艺精美。

南社村总平面图

1. 谯楼	7. 云蟠公祠	13. 应洛公祠	19. 社田公祠	25. 四通桥
2. 任天公祠	8. 照南公祠	14. 少恒公祠	20. 百岁翁祠	26. 丰收桥
3. 百岁祠	9. 念庵公祠	15. 晚节公祠	21. 少简公祠	
4. 简斋公祠	10. 谢氏大宗祠	16. 谢氏宗祠	22. 晚翠公祠	
5. 樵谷公祠	11. 云野公祠	17. 资政第	23. 谢遇奇家庙	
6. 百岁坊	12. 东园公祠	18. 孟俦公祠	24. 庆丰桥	

⊙谢氏大宗祠

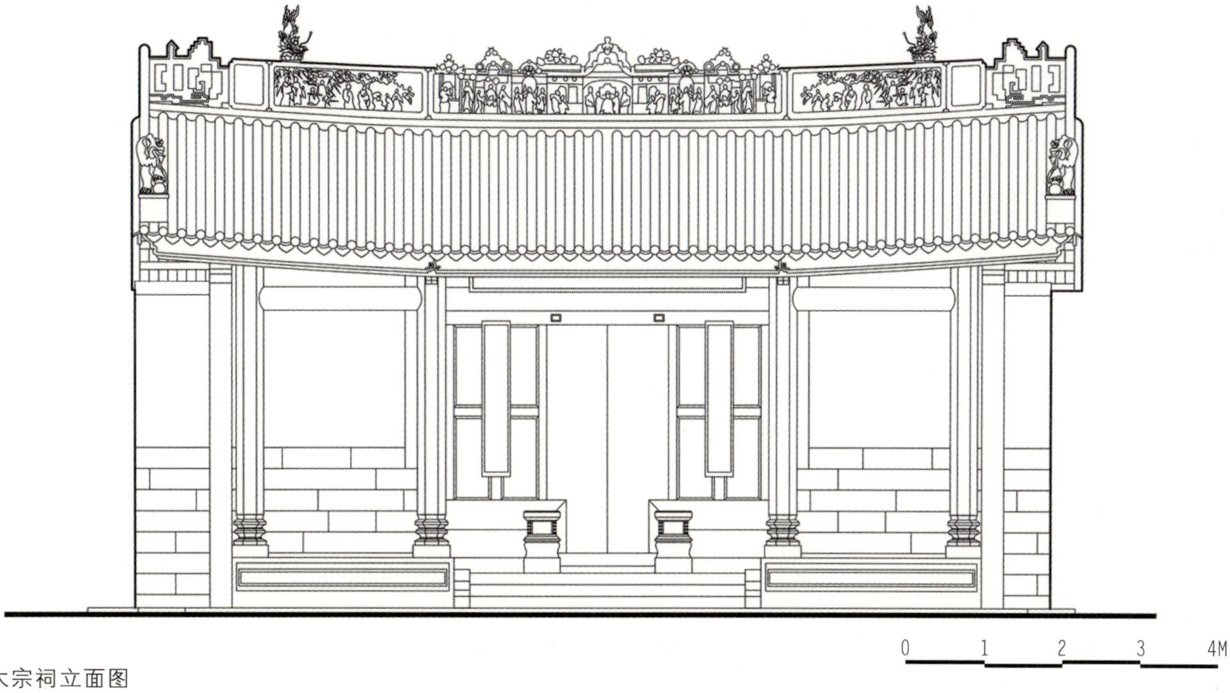

⊙谢氏大宗祠立面图

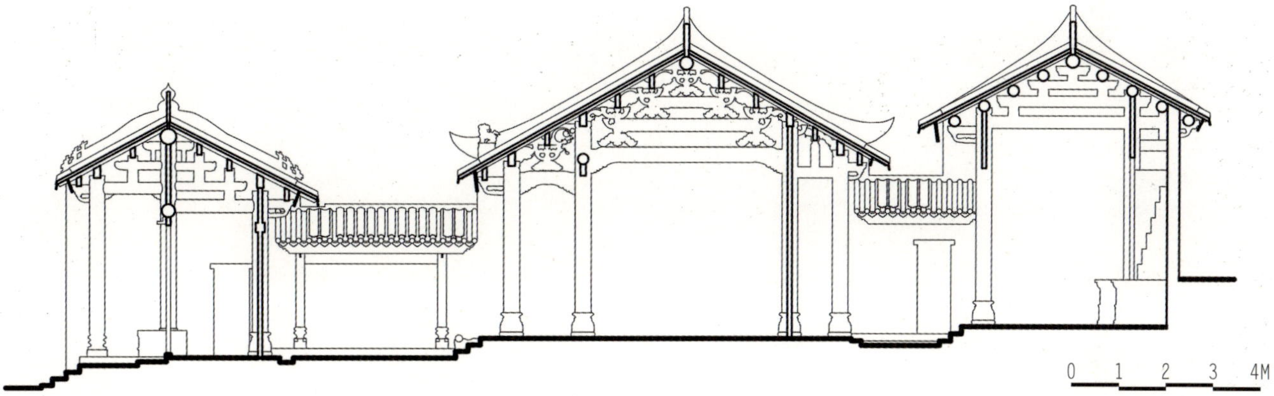

⊙谢氏大宗祠剖面图

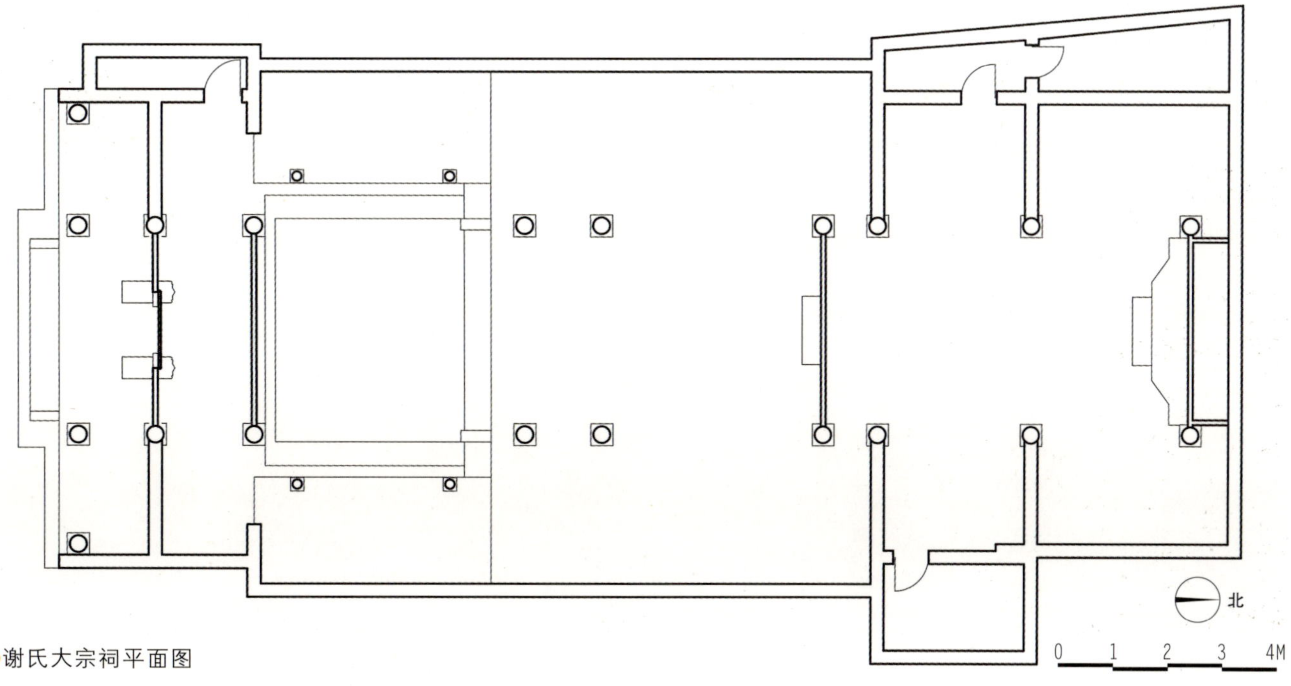

⊙谢氏大宗祠平面图

⊙李氏宗祠

桂史家聲遠

祠堂梁架

村落巷道

⊙宗祠里的族人

⊙社田公祠

百岁坊

中第举人进士碑

⊙谢氏大宗祠内景

⊙晚翠公祠

⊙百岁塘及庆丰桥

泰山石敢当

民居

自力村

1. 历史概况

自力村隶属江门市开平市塘口镇，东距开平市区12千米，坐落在潭江支流镇海水河西岸的冲积平原。远有百立山为背景，是由安和里（俗称“犁头咀”）、合安里（俗称“新村”）和永安里（俗称“黄泥岭”）三个方姓自然村组成。土改后期，三村合称“自力村”，取其“自食其力”之意。村内碉楼群以其建筑精美，成为开平碉楼兴盛时期的代表。自力村内多华侨、港澳同胞，侨汇是该村的主要生活来源之一。

清道光十七年（1837）犁头咀首先立村。当时只有两间民居，周围均是农田，后购田者渐多，又陆续兴建了一些民居。鸦片战争后，人民生活困苦，开邑地区很多人离乡背井，到国外谋生，自力村人也旅外者众。他们赚了钱，便纷纷回来置产建屋。

20 世纪 20 年代，因土匪猖獗、洪涝频繁等原因，一些华侨和港澳同胞便兴建碉楼和居庐。这些碉楼，有的是根据建楼者从外国带回的图纸所建，有些则没有图纸。为了防御土匪劫掠，碉楼一般有枪眼。先是配置鹅卵石、碱水、水枪等工具，用水枪装碱水，当土匪靠近楼体时喷射匪徒的眼睛，使其丧失战斗力，知难而退。后又从外国购回枪械。

碉楼和居庐门、窗皆用厚铁板制造，建筑材料除青砖是本地产的外，铁枝、铁板、水泥等均是从外国进口。墙体结构有内夯土外包青砖的，有青砖夹少量钢筋混凝土的，也有钢筋混凝土的。楼的基础惯用三星锤打入松木桩。打好桩后，为不受天气的影响，方便施工，一般都搭一个又高又大的竹架葵叶篷顶，将整个工地盖着。

2. 村落形态

自力村规划建设非常注意对水系的保护和利用，依自然环境而发展。小河环绕村前，池塘散布在村周围的稻田之间或村中，村民们养鱼放鸭。每年夏秋，池塘里开满了红白相映的荷花，是自力村最美的季节。冬季，池塘贡献给村民高产的莲藕，是自力村重要的经济作物。村外大片的稻田构成自力村的自然背景，水稻随季节变换着颜色，也调节着村民的生活。

三个村落的规模都不大，村落布局中，传统民居还是以青砖素瓦三间两廊为主的梳式布局，碉楼与居庐零星分散，而自力村最突出的特点就是散布在村落田野间的碉楼群和西式别墅群（当地将西方风格的别墅称为“庐”）。该村的整体格局，无论是中式传统民居建筑组群还是西洋韵味的单栋碉楼居庐，都与周围自然环境协调一致。

3. 建筑特色

（1）碉楼群

碉楼和居庐一般以始建人的名字或其意愿而命名。碉楼的楼身高大，多为四五层，其中标准层二至三层。碉楼的上部结构有四面悬挑、四角悬挑、单面悬挑、双面悬挑等，多带有外来建筑特点，既有柱廊式、平台式、城堡式的，也有折衷混合式的。

自力村碉楼建筑精美，保存完好，结构坚固，中西合璧。村落四周良田万顷，丰收季节稻香阵阵。当踏着田间小道，穿过绿树修竹进入村内，呈现在眼前的是九座碉楼和六座庐。依建筑年代先后为：龙胜楼（1917）、养闲别墅（1919）、球安居庐（1920）、云幻楼（1921）、居安楼（1922）、耀光别墅（1923）、竹林楼（1924）、振安楼（1924）、铭石楼（1925）、安庐（1926）、逸农楼（1929）、叶生居庐（1930）、官生居庐（1934）、澜生居庐（1935）、湛庐（1948）。

（2）云幻楼

云幻楼是旅居马来西亚的华侨方文娴于民国10年（1921）亲自回乡操持修建的居楼，钢筋混凝土结构，高五层。碉楼立在高台基上，有独立的小院，楼前台地的护栏以绿釉宝瓶为栏柱，正门前的立柱采用西方巴洛克式样。碉楼的整体造型较为简约，每层的线脚和西式的窗楣给素雅的楼体带来一些变化。

（3）铭石楼

铭石楼是自力村最有代表性、最精美的一座碉楼，是由旅居美国芝加哥的华侨方润文于1925年回乡修建的居楼，钢筋混凝土结构，楼高六层，外有院落。入院右侧的副楼为放置农具的厢房和佣人使用的厨房，主楼坐落在左侧台地上，坐西北朝东南。

首层厅堂隔间采用雕花玻璃的柚木槅扇，做工精美的槅扇、彩色玻璃画及室内装饰反映了华侨的经济能力与审美情趣。二至四层为居室。五层是祭祖的场所和敞廊，神龛为金漆木雕，上有雕刻着表示吉祥的龙、凤、麒麟、喜鹊，表示长寿的鹤、鹿，象征文人气节的梅、兰、竹、菊以及与传统家学修养相关的琴、棋、书、画等。五层的前部是宽广的敞廊，建筑廊柱为仿罗马爱奥尼克风格的柱式，四角向外悬挑，前面两个开敞，后面两个封闭。六层平台上有中西合璧造型的凉亭。

⊙自力村远眺

⊙耀光别墅与球安居庐

⊙竹林楼

⊙云幻楼背面

⊙铭石楼

⊙铭石楼

左为铭石楼，右为叶生居庐

⊙居安楼与安庐

⊙碉楼群

⊙碉楼

⊙碉楼群

⊙碉楼

⊙碉楼群

⊙铭石楼敞廊

⊙民居灰塑

⊙铭石楼六层平台上凉亭

铭石楼与庐

左起：叶生居庐、铭石楼、逸农楼、振安楼

蚬岗村

1. 历史概况

蚬岗村位于肇庆市高要区蚬岗镇，由蚬岗一村、蚬岗二村和蚬岗三村组成。蚬岗村从明朝初年建村，现有李、叶、邓、尹、石、钟、何、陈等17个姓氏，其中以李姓居多。李氏家族明初从佛山南海小塘移居至此处，分在“五坊十五里”居住。

2. 村落形态

蚬岗村地处水乡高岗，四面环水，呈蚬状，观之犹如巨蚬蛰伏水中。村中民居似按八卦布局，依岗而建，为放射形状，俯瞰村落，房屋构成多重圈环，结构整齐，地势天成，图案优美。村落“八卦”直径约600米，20圈左右，每进一圈，房屋递减，至岗顶最后一圈房屋只剩10多间。

村落布局精巧，共有8个出口，8大水塘绕村而置，每个出口均栽种古榕树。岗顶原也栽种有8棵古榕树，暗含“八卦”方位。村道以石板铺砌，错综复杂。16座祠堂分布在村落外围。

外围环村池塘长2千米多，宽60米，誉为“瘦西湖”。两岸翠柳依依，古榕参天。该村落与众不同的特点在于：一是水多，寓意多财；二是祠堂多，寓意兴族旺丁；三是榕树多，寓意福荫子孙。这体现了村民追求美好生活的强烈愿望。

3. 建筑特色

（1）祠堂

蚬岗村环村大道共建有16座祠堂，所以有“八卦十六祠”之说，有的祠堂相隔只有几米远。

最具代表性的是始建于明代天启年间（1621—1627），重修于清代光绪年间（1875—1908）的李氏大宗祠。祠堂历代有维修，为三间三进硬山顶，抬梁式砖木结构，坐东北向西南。建筑雕梁画栋，造型秀美。祠堂里雕着龙凤呈祥图案，与花岗岩石柱和坤甸木柱雕刻相映成辉。入口门额上阴刻“李氏大宗祠”五个蓝色大字，与石门额之上的墙头画及檐口板上的金黄色兰花、红色桂花交相辉映。首进大门两次间的石月梁上各有一只石狮子承托着白石斗拱，斗拱中央分别漆红色的“福”“寿”字样，装饰独特。大门后为木屏风，门头上镶嵌着“奉训大夫”和“御前侍卫”两块匾。屏风北面挂着“文魁”和“岁进士”两块红底金字木匾，屏风南面挂着两块红底金字的“武魁”木匾。二进怀德堂。三进为14架椽屋，屋壁墙头与首进一样，画满60厘米高的墙头画及诗词歌赋。

（2）民居

村落民居主要沿袭珠江三角洲中心区域的建房理念，以三间两廊为主，稍作变化。

民居大门入口立面是装饰的重点，经常集灰塑、木雕、石雕、砖雕等多种工艺来表现。入口大门有两种基本形式：一种是“凹斗门”，即大门后退30厘米到70厘米，形成凹口状；另一种则直接在墙上开门，只在门上方做门罩挡雨，门罩的出挑方式有多种，有石雕斗拱出挑、木斗拱出挑、砖砌叠涩出挑，一般配合相应的工艺做装饰。立面上一个重点装饰的部位是封檐板，上面一般雕满雕刻，从板上一些残存的颜色来看，常用蓝靛色做底色，红、绿、黄和金是主要的颜色。重点装饰的还有墀头，多用石雕或灰塑来表现。若是凹斗门，一般在凹进的墙面还会沿屋顶做一条彩画装饰，题材为山水、花鸟、人物、吉祥图案等等。有实力的大户人家会在两个次间的檐口下方做大面积的灰塑高浮雕。

村落建筑两端山墙普遍采用人字形山墙，民居中常用的山墙是一种简单的人字形山墙，顶部耸起，外墙一般不开窗。

清同治李国庸故居呈四合院布局，坐北朝南偏东。门厅大门为凹斗式，三开间，左右各有一间房。门厅和天井由一道雕刻精美的屏风隔开，天井左右两侧为厨房和杂物房。正座三间，明间为厅；两侧次间前后隔断，共有四个小房间，各自带有阁楼。门厅与大厅通过天井相连，大厅开敞布置。整组建筑规整，严格按照中轴对称，从门厅大门、天井到大厅的序列关系明晰，最显著的中央放置着祖宗的牌位。

（3）书屋

书屋（家塾）建筑也承担祭祀先人的功能，实际上也是祠堂，套用祠堂的形制。清乾隆年间（1736—1795），朝廷对广东宗族势力的膨胀已有所顾忌，合族祠易于缔结地缘关系，祠堂纷纷易名为“书院”，既可以回避朝廷的禁例，又能迎合世俗家族群体的意向。广州是华南政治、经济和文化中心，合族祠之易名对各地祠堂均有参照作用。广府属下的城镇和乡村“私伙太公”也起而效尤，多取有书香味的名字，反映出追求个人身份地位的意愿。

家庭书屋与民居相连，实为书斋。家庭书屋和民居在外观上并没有太大区别，不同的是内部布局及装饰，这其中显示的是它们功能上的差异，同时也显示了它们在村落中角色的不同。村落大部分家庭书屋还是承担着居住的功能，所以书屋平面布局同普通民居并没有太大区别，或为三间两廊，或为明字屋带院子，大一些的由两个到三个这样的建筑组合起来。一些书屋建筑和住宅在一起，属于住宅的一部分，另一些和住宅分开。

谢氏书屋和住宅分设，隔了一个巷道。住宅是典型的三开间四合院布局，书屋是在三间两廊的平面上发展变化，两层楼，布置灵活舒适，利用两廊的屋顶做成休闲露台，上置盆景花草，同时也解决通风采光问题。家庭书屋和普通民居的区别在于，这些书房多有阁楼，亦有在天井中加照壁、房间里加隔断，使得空间丰富许多；书屋装饰较一般民居讲究，如繁华的雕刻、艳丽的色彩、精巧的灰塑等等。

⊙李国庸故居

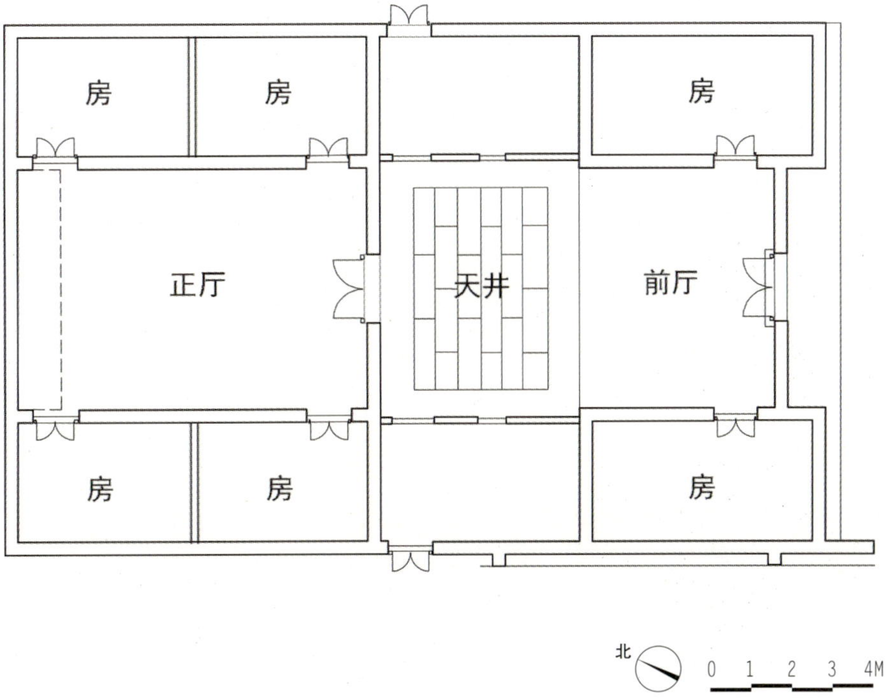

⊙李国庸故居平面图图

瘦西湖边的梓庄公祠

⊙李氏大宗祠

⊙李氏大宗祠二进怀德堂

⊙功名夹杆石

李氏大宗祠

村活动中心

⊙楚华李公祠

⊙李氏大宗祠

⊙祖宗牌位

⊙李氏大宗祠怀德堂内景

⊙南门里

⊙古井

⊙道家水仙庙

⊙民居

民居

黎槎村

1. 历史概况

黎槎村位于肇庆市高要区回龙镇北面的黎槎岗上。该村初为周姓人士开村，故原称“周庄”。南宋时期，由于该村没有水利堤防设施，低洼地带常受洪水淹浸，所以村民们多将房屋建于山腰上，山岗名“凤岗”。南宋后期至明代永乐时期，苏、蔡两姓族人分别从粤北南雄珠玑巷迁至凤岗定居，人口不断增加，形成了近代黎槎村苏姓居东、蔡姓居西的格局。

村民见凤岗四周环水，似按八卦形状布局建房，取“黎槎”为村名。“黎”有“众多”之意，“槎”即“用竹木编成的木筏”。

2. 村落形态

以南雄珠玑巷移民后裔为主体的村民聚族而居，所建的房屋建在小山岗上，一圈又一圈地环向岗顶。村庄最外一圈约有90间房，房子之间略呈弧形分布，每进一圈，房屋递减。岗顶是村中最高处。

主巷道由岗顶向四周呈放射形分布，一共有15条主巷道，横巷84条，纵横交错的巷道多达99条，巷道路面都是由小石块或鹅卵石铺成，每条主巷道都会延伸至一个门楼。巷道布置有如迷宫，是古时候村民为防盗匪而设置，有的巷道看似尽端却相通，有的看似相连却无路，陌生人走进古村常会迷失其中。

村中入口除了几个通道外，其余周边都是护村池塘。池塘与村的外沿之间是环村大道，在环村大道不同的方向上共有10个门楼，一门一坊。每个门楼有不同的名字，分别是仁和里、遂愿里、兴仁里、淳和里、尚仁里、居和里、柔顺里、毓秀里、仁华里、遂德坊，形成“九里一坊”。

黎槎村有以下三个与众不同的特征：一是以水为脉。没有水万物难以生存，该村环村大道外围的护村池塘，总面积达1万多平方米，既可养鱼，又可美化环境，也起着护村作用。二是以屋墙为围。自古以来，人们不论开村还是建宅，都非常注重村界和宅界。过去人们在比较安全的地方建村，仅立界碑，而在一些容易受贼人滋扰或外族侵犯的地方则建围墙来防卫。黎槎村临环村大道利用最外围的一圈房屋作为防护。三是房屋和主巷道大都是以石为基础，防水防潮性能好。在10个门楼中，除遂德坊门楼外，多用花岗岩或红砂石砌筑房基，在门楼内、外的通道上也都用花岗岩或红砂岩石铺砌路面。

3. 建筑特色

黎槎的民居大多为砖木结构，条状单间联排屋，建筑用材与装饰都十分简陋，由青砖、花岗岩、杉木、瓦片、瓦筒、石灰、沙等建造而成。村民都信奉建屋不能高过祖堂，不然就会不吉利，所以村里的房屋建筑高度、结构也因此保持了一致。

（1）祖堂

村落祖堂为各分支家族的家庙，分布在各里坊内，有18所之多。祖堂大小不一，多为两进，内有天井院落，旁侧有储藏房。两侧封火山墙有的做成镬耳状，立面屋檐下有灰塑彩画装饰，屋脊有鳌鱼尾。有钱的家族祖堂门口的石阶会施以精细的花纹，石材也更坚硬名贵。祖堂是族人拜祭祖先的地方，每逢初一、十五、大的传统节日以及婚嫁喜庆事宜，便相聚于此，慎终追远，祭祖思源。

（2）酒堂

酒堂是该村落特有的一种建筑类型，是族人婚嫁喜庆聚会的地方。设在村落外围的环路边，与门楼相对。酒堂内设厨房锅灶炊具，堂外为古榕广场，平日十分幽静，凡有喜庆事宜则门庭若市、热闹非凡。黎槎村有兴义、联秀、绍安、永和、光华、遂德、叙乐等酒堂。兴义酒堂平面呈长方形，进深12米，面积有300多平方米，归属兴仁里。设有正厅、客厅、厨房、储物室，正厅前有天井。联秀酒堂长23米，进深9米，面积达200多平方米，归属柔顺里。酒堂建筑装饰有木雕、灰塑等，古朴秀雅。

（3）古井

黎槎村中最古老的一口井开凿在南宋期间，是由当时原著居民周姓族人开挖而成的，所以这口井至今仍叫“周家井”。它坐落在村东南靠村口的柔顺里旁边，位置较高但井水却从未枯竭。

木井位于村西，井口为整块花岗岩石做成，因井里用三块古松木铺底而得名。该井明朝初期由本村进士蔡木恩所挖掘，故又称“进士井”。木井水质味甘清甜，是过去村民饮用、淘米、洗衣用水。

此外，黎槎村还有村北遂德酒堂旁的遂德井和村东绍安酒堂旁的绍安井。

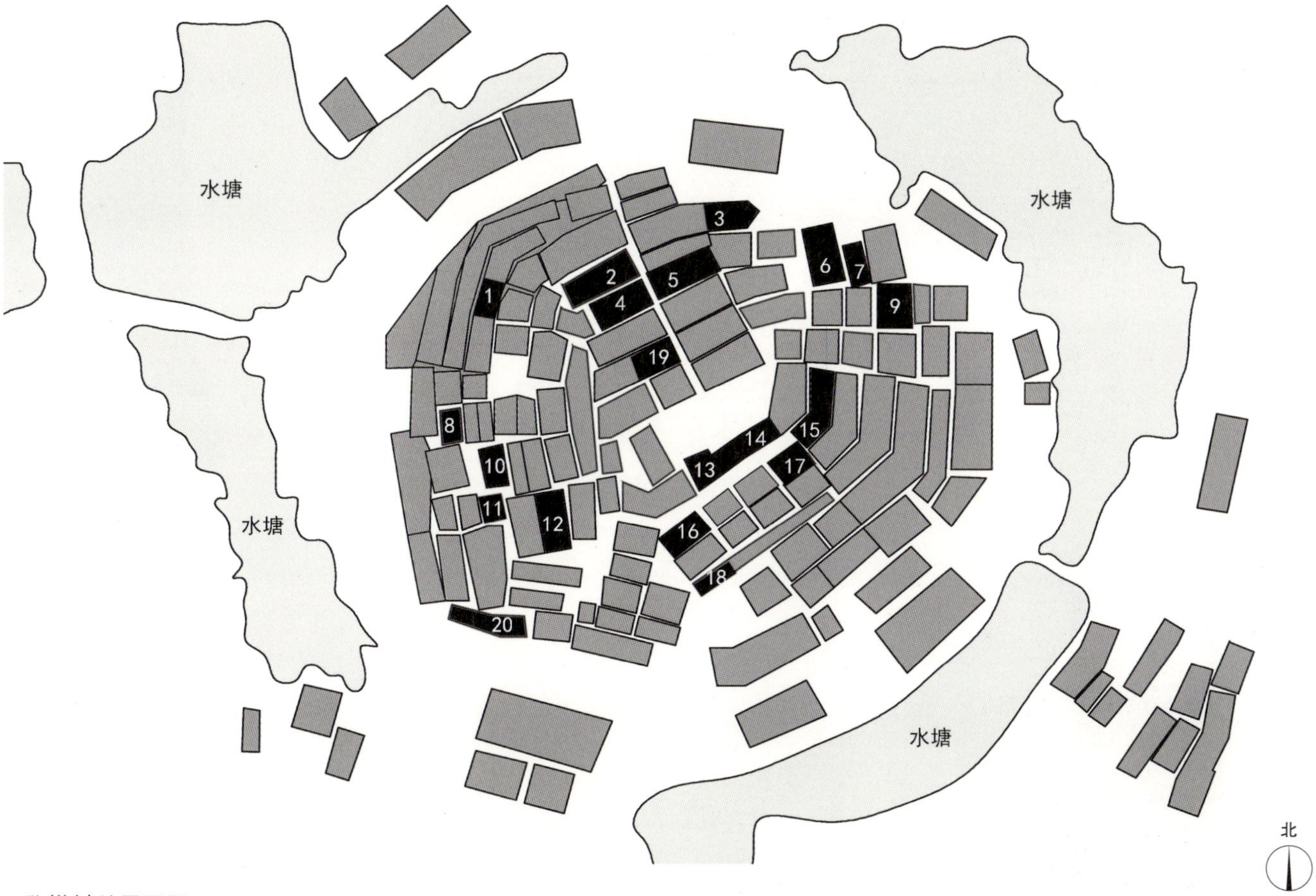

⊙黎槎村总平面图

0 15 30 45 60 75M

1-18.祖堂
19-20.学堂

⊙门楼

敦善书舍

⊙祖堂

⊙巷道

⊙巷道与民居

巷道

⊙仁华里

⊙古井

⊙遂德坊

⊙仁和里

⊙门额

遂願里
遂達源於熟慮
願成全賴恒心

⊙遂愿里

⊙遂愿里

周家井
该井开凿于南宋期间，距今大约八百年，是周姓人开挖的，饮水不忘挖井人，故名周家井。古井在凤岗半山处，井水泛着青光幽深，水质味甘香醇，长期饮用可体健益寿，相传站在井口东面，如能将木桶整桶水装满提上，即可科考高中，心想事成。
井水很深
请注意个人
财物安全

⊙周家井

淳和里

土地庙

⊙柔顺里

⊙进士井

水东村

1. 历史概况

水东村位于云浮市云城区的腰古镇，坐落在新兴江水之东，故取名“水东”，目前村内仍保存着较为完整的明清时期的布局和建筑。据水东村《程氏族谱》记载，水东村开创于明永乐二年（1404），由北宋理学家程颢后人程绍明创始建村，程氏家族一直秉承先祖家风，注重教育，文武兼修。如今的水东程氏已传至33代，分别以“序伦”“笃庆”和“聚顺”为堂号。

2. 村落形态

粤西为山区，水东村开村始祖程绍明当时选中此地建村，主要是看中了流经这里的新兴江两岸谷地平原，择水而居，农田浇灌用水方便。村落占地面积达45000平方米，是风水中所谓的“莲花地”，因此村民建屋可不必单一朝向，形成了如今独特的古民居建筑群。虽然古民居建筑群组坐向各有不同，但也是按传统的梳式布局建造。

村中的明清古建筑群走向顺应地势，以村的中间巷为轴线，将全村的民居建筑分为东、西两部分，一边是坐东朝西，另一边坐西向东。村落有着严格的规划，无论何时何家建屋，都须依照祖宗定下的规矩和要求修建，于是逐渐形成全村格局。

水东村目前保存着明清建筑500多座，其中有明代所建庙宇1座（明徽庙），祖祠3座，民居163座；清代建筑祖祠6座，民居421座。原来水东村街巷都是土路，一下雨就道路泥泞，后来建成了青石板路，将村里每户人家连通起来。

3. 建筑特色

（1）祠堂

村内现存最具特色的建筑当属明清两朝建成的9座程氏宗祠，其中又以寿庵祠年代最为久远，建于明朝末年，是程氏八世祖素隆公为纪念其父程用爱而建，因程用爱字“寿庵”而得名。

寿庵祠位于古建筑群的中央，整个建筑为砖木结构。祠堂外墙上半部分由青砖砌筑，而台阶及外墙下半部分皆由红砂石砌筑。据村里老人说，以前水东村依傍新兴江，水路运输便利，这些红砂石都是由水路从福建运输过来。外墙两侧有高出屋面的封火墙，端部呈月牙形向上弯曲。屋内外有石雕、木雕、砖雕和灰塑等装饰，主要以各种神兽、民间故事、花草图案等为内容。

寿庵祠旁边还有一间青砖瓦房，是族人子女的学堂。该村程氏后人大多崇文尚武，出现了多位文武举人。

在众多祠堂中，程氏大宗祠是水东村甚至云浮市最大的宗祠之一，占地1200平方米。整个宗祠为二进结构，高梁大柱，气势恢弘，正厅供奉程氏祖先灵位，现在仍保存着以前用过的烛台和香炉。石柱梁撑均有精雕细刻的花鸟神兽。程氏大宗祠始建于乾隆十七年（1752），完工于乾隆十九年（1754）。程氏大宗祠前有一对小石兽憨态可掬。从侧门进入里面右侧天井，有一株苍劲挺拔的罗汉松，高达5米，枝叶茂盛，至少已有300多年，相传这株罗汉松是国外引进的，逢年过节，乡亲们都会给这百年老松敬上一炷香。

（2）民居

民居建筑是以三间两廊为主的砖木结构瓦房，面阔三间，进深一进或二进，屋面为小青瓦覆顶。明间为厅堂，两侧厢房，前带有天井。各进天井起着通风、透光、排水作用。雨水通过天井四周的小水渠流入沟渠。

建筑中除了单层宅居外，还有不少两层的青砖楼房，两层楼房建造年代较晚，平面布局灵活，较为随意，不一定是传统三间两廊的对称布置方式，但是建筑砖石选料、施工、与地形结合都非常讲究，民居外墙和封檐板木多有灰塑及木雕装饰。

（3）四方井

村前的地坪上有一口特殊的四方古井。因水东村所有宗族都为“程”姓，字里有一个“口”，故按习俗村里只能打一口四方井，井深约10米，用青条石密排砌筑。古井的水位至今从未下降过。

⊙普泉程公祠

⊙程氏大宗祠封火山墙

⊙民居

⊙民居

⊙四方古井

⊙涵齐程公祠

⊙涵齐程公祠

镬耳山墙

⊙民居群

⊙镬耳山墙

⊙普泉程公祠

⊙普泉程公祠大门

⊙千年古榕

⊙程氏大宗祠

⊙程氏大宗祠正厅

⊙程氏大宗祠

⊙程氏大宗祠二进天井

程氏大宗祠一角

程氏大宗祠

五星村

1. 历史概况

五星村位于云浮市郁南县大湾镇，距市区65千米。大湾镇历史悠久，明万历五年（1577）在粤西设置西宁县（1914年西宁县改为郁南县）。大湾镇明代属西宁县保和都，清康熙年间（1662—1722）该镇已设圩市，成为商贸集散之地。

清末民初，村中富者为了显示富贵，光宗耀祖，大兴土木，争相兴建“大屋”和纪念祖先的祠堂。五星村有黄、王、张、李、廖等多个姓氏，而以李氏最多。明清年间，李氏家族从福建上杭一带，经广东南雄、南海沙头，最后迁徙到了大湾寨（即今五星村）。当今的五星村，是粤西地区较具代表性的传统村落，属于广府文化和客家文化影响的重叠区域，其村落和建筑兼具广府和客家民居的特征。

2. 村落形态

南江经流大湾处受狮子山阻挡，蜿蜒的江水在此分两路流走，绕了个弯。“大湾寨”由此而得名。大湾寨是具有典型粤西南江文化特点的古民居村落，建筑群的总体布局体现了注重整体规划的建筑理念，既保留古制又融汇南北的文化因素，集中采用了防御、防潮、防涝、防雷、防腐、防盗、防火、防虫蚁措施，村落建筑的排水、防洪等设施系统合理，部分至今仍可正常使用。村落建筑群的布局以宗祠为中心，其他建筑分散布置，但又凝聚于这一个中心。

3. 建筑特色

（1）祠堂

五星村里的宗祠大都修建在清咸丰元年至宣统年间。李氏后人为纪念祖先，清朝时期兴建了李氏大宗祠、象翁李公祠、诚翁李公祠、峻峰李公祠、禄村李公祠、芳裕家塾、洁翁李公祠、锦村李公祠、拨亭李公祠、介村李公祠、学充李公祠共11座祖祠。

村口面对池塘依次排列着诚翁李公祠等多座祠堂。祠堂群均坐东南向西北。

诚翁李公祠建于清朝末期，坐东南向西北。广三路，深二进。青砖瓦木结构，硬山封火山墙顶。

象翁李公祠建于清朝光绪二十二年（1896），1993年10月重修，广三路，深三进。大门上方写着“象翁李公祠”五个大字，砖木结构，龙船卷尾脊、硬山顶，每进之间两侧有廊道相连，第一、二进两边为人字形山墙，第三进两边为镬耳墙。此祠堂的特点是厅堂宽阔，雕刻精美，工艺精致。

峻峰李公祠建于清朝宣统元年（1909），深三进。大门石柱上为虾公梁，红石大门插。建筑为砖木结构，三进都为镬耳山墙。一进与二进之间天井连接，天井两边各有两房，上层是观礼台。二进厅堂上悬挂“芳裕堂”匾额。二进与三进之间建有一方亭连接，亭子底部用白麻石铺叠砌高台，内有四根石柱将亭子擎起，亭子独特精美，四柱上分别用正楷、隶书和篆书刻上对联。瓦脊用石湾彩色陶塑，光彩夺目。建筑木雕装饰，题材有花草、龙凤、神话故事及民间传说人物等。

禄村李公祠建于清代，多次重修，广三路，深三进。前面有围墙围着的明堂，围墙右边置斗门。青砖瓦木结构，硬山顶。

芳裕家塾建于清末，广三路，深二进，砖木结构。

洁翁李公祠建于清代，三开间，深一进。砖木结构硬山顶，此祠堂立有历代李氏早先的神主牌。

（2）民居

五星村古民居建筑保存完好的有46座，建于清咸丰元年（1851）到民国初年，其中古民居“大屋”27座。档次稍高的建筑，山墙两边都作圆弧的突出，为镬耳状，有些也建于民居的正面和背面，成为外部的主要装饰，从实用性趋于艺术性，这是南江流域村落与民居的地方特色。步入古村落，遥遥望见镬耳墙鳞次栉比。

每幢大屋占地1000至2000平方米不等，错落有致。单体建筑门面宽阔、净空高，天井宽敞，通风采光好，门前屋后常有花径小院，建筑节奏舒缓平和。屋脊和山墙之上多有极具匠心的灰塑装饰。宅居外围竹篱茅舍间常种有杨柳、芒果、荔枝、枇杷、龙眼、木瓜、黄桃与石榴等果树。

其昌栈大屋坐西北向东南，广三路，深三进，总面宽28.85米，总进深39.55米，建筑面积1141平方米，灰沙夯墙、青砖瓦木结构，硬山顶。室内梁架有木雕，墙面有壁画、书法及图案装饰等。

祺波大屋是其中最具代表性的大屋，尤其是出类拔萃的雕刻艺术。祺波大屋是1879年大湾富商李景献第二子李祺波建造。大屋以石条为墙基础，砖砌山墙，砖柱、木柱、梁架结合为一整体，加上镬耳墙、压脊、阴阳砖等构造做法，达到防风、防火、防水之功效。大厅内，四条大木柱托起整个屋架，花岗石柱础、透雕木挂落柱饰、蝙蝠造型的驼峰拱托、鳌鱼形的穿枋、彩绘的梁托瓜木及题材多样的墙上彩画各具特色。特别是封檐板，做工十分精细，可谓木雕精品，内容多选用具有地方特色的戏曲、历史故事、神话传说、吉祥图案等，体现了浓厚的粤西特色和南江流域的文化艺术风格。

⊙大湾镇及五星村总平面图

⊙其昌栈大屋

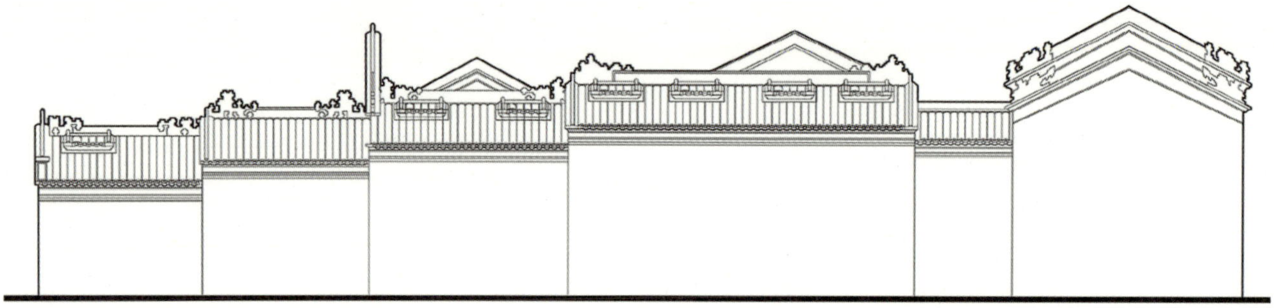

⊙其昌栈大屋东立面图

0 1 2 3 5M

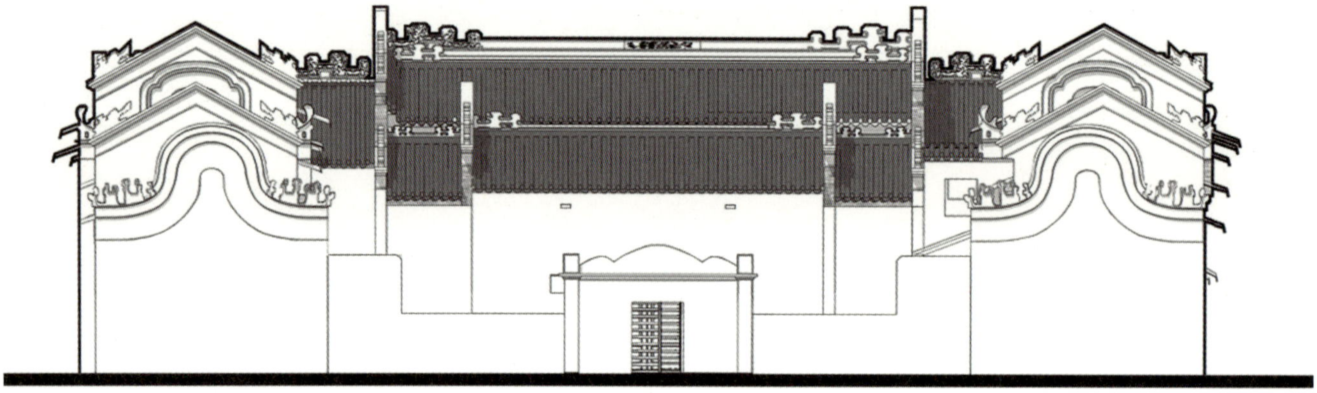

⊙其昌栈大屋南立面图

0 1 2 3 5M

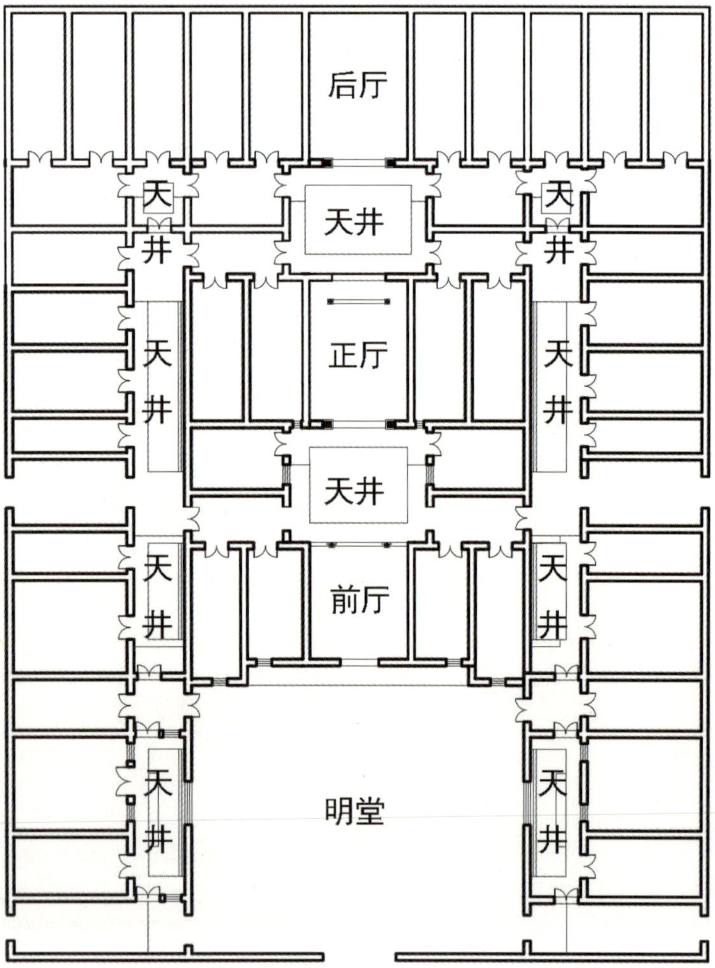

⊙其昌栈大屋平面图

0 1 2 3 5M

⊙祺波大屋镬耳墙

李氏大屋

⊙峻峰李公祠

⊙峻峰李公祠天井院

⊙神龛

⊙李氏大屋一进院天井

一进院天井

⊙峻峰李公祠二进与三进院的方亭

李公祠一进院天井

⊙峻峰李公祠一进院天井两边观礼台

⊙圆洞门

⊙祺波大屋

⊙李氏大屋

⊙祠堂群

⊙镬耳山墙

其昌栈大屋

张氏大屋

⊙狮子名山

⊙大夫第

⊙镬耳山墙

潮溪村

1. 历史概况

潮溪村位于雷州市龙门镇北部，距龙门镇约4千米。该村历史悠久，文化底蕴深厚，建筑独特，具有地方传统特色。村落四周环境优美，古时在雷州半岛具有“住在潮溪村，葬在潮落港”的美誉，潮落港在雷州调风镇九龙山东边。

潮溪村始建于明代崇祯年间（1628—1644），原名陶溪村，因地处河溪之畔，有潮有溪，因此到清乾隆年间（1736—1795）正式更名为“潮溪村”，为陈姓世居的血缘村落。从清代至民国初年，潮溪村频现几代世宦的书香世家，在当时科举制度的影响下，文化昌盛带来了经济繁荣。官员退隐后，回村建房，置办田地，田地绝大部分购于外村。村内繁华富贵，至有钟鸣鼎食之胜景。

2. 村落形态

潮溪村坐北朝南，村落地势东、西、北略高，形似古代谷箕，而被称为“谷箕地”。东南面地势开敞，迎取以夏季为主的常年主导风向。村落东、西各一条支流汇入自村旁蜿蜒而至的小溪，溪流曲折平缓，酷似天然护城渠将村庄包围。周边水草秀美，土地肥沃。村南还有一水塘。村北不远之处有山岭，形如谷围，被称为“谷围岭”，此岭比潮溪村聚落地势高大约三四十米，与北面曲折的毛云岭相贯。

潮溪村整体村落形态方正集中，至今格局仍保存完好，保持了清代康熙年间（1662—1722）形成的历史风貌和形态。村落骨架明晰，梳式布局。路网采取鱼骨式布置，以一条贯穿东西的横巷为村落的中心巷，六条青石砌筑的直巷垂直于中心巷。村落东、西、南三向各有出入口，设置村门。

潮溪村最引人瞩目的是装饰华丽的清代民居建筑群，由85座砖木结构的房屋组成。民居宅院布局平直，沿街巷依次排列。现保存较好的古民居有“朝议第”“儒林第”“分州第”“明经第”“观察第”“司马第”“奉政第”“藩佐第”“鹾尹第”“富德”“德晖”“道义”“修齐”“德成”等14座豪华宅第，还包括防御性碉楼9座，均为院落式布局的红砖大厝，山墙艳丽张扬。建筑木雕及灰塑精致，装饰优美。

3. 建筑特色

（1）祠堂

清乾隆五十五年（1790）建成的“六成宗祠”是目前潮溪村仅有的一座宗祠，建筑面积约800平方米，原建筑形制为三进三厅，面阔五间，有画阁和梓童公殿。随着时代变迁，祠堂改为潮溪村小学，建起了两层的教学楼，仅仅留下最后一进厅堂，但宗祠的院落格局仍然存在。

（2）民居

民居建筑模式大致相同，以封闭院落为核心，建筑整体布局采用向心围合的方式，中部是沿中轴对称的宽敞院落，正屋主座正中一间为堂屋，主要供奉祖先牌位、神灵塑像及接待重要客人。两侧卧室开间尺寸略小。院落横屋多为两开间，小型住宅只有单开间。面积较大的民居建筑，在主院落基础上向两侧横向扩展，增加纵向的护厝，形成旁侧院。在外观上，潮溪村民居采用红砖红瓦砌筑，马鞍脊屋面，造型多样，装饰富丽。

分州第始建于清代同治年间（1862—1874），该宅是陈卜甲住宅。陈卜甲官职任清代候选同知，六品官。该宅占地面积约为650平方米，建筑面积为570平方米，砖木结构，有正房、厢房、包帘、天井庭、照壁、走廊。装饰有木雕、石雕、陶塑、灰塑、壁画等，精美华丽；屋檐下有形态各异飞禽走兽的木雕；室内有各种形象逼真的人物或风景壁画；屋脊上有各种花木、动物的灰塑。主侧院营造的空间变化丰富，屋面交错复杂，为了取得较大的室内空间，避免阳光的暴晒，也避免对主座建筑喧宾夺主，西侧院靠主院一侧的建筑屋顶采用了四个相接在一起的小型双坡顶，这在广东民居建筑中较为少见。

明经第建于清同治年间（1862—1874），坐北向南。该宅主陈桂芬，清代增贡生，曾任清代候选儒学训导职，诰赠“朝议大夫”，四品职衔。妻诰封四品恭人。明经第占地约600平方米，建筑面积510平方米，有正房、厢房、包帘、天井庭、走廊、照壁，建筑设计实用，朴素大方，工艺精湛。有木雕、石雕、陶雕、灰塑、彩画等装饰，室内有丰富多彩的壁画。外立面精巧华丽，蝙蝠形吐水口，如意形山墙富有地方特色。出于防御的考虑，明经第西侧采用双跨院，两跨院之间的过道狭窄并且设有岔路，安装了防盗设施，具有迷惑性。住宅还采用其他的防御措施，如在山墙防御薄弱处增加跑马廊和射击口，北侧房间靠外墙的屋顶加密了檩条，在各个关键出入口加设防盗设施等。

富德碉楼是陈笃延住宅。陈笃延，增贡生，任清代例授道员衔，四品官。建筑建于清代道光年间（1821—1850），面积615平方米，砖木结构。为了防御贼寇侵犯，在西北角和东南角各有一座碉楼，相当于5层楼高。建筑外墙设有跑马廊、结合碉楼枪眼、宅内水井等设施，形成防火、防水、防盗等一套完整的防御体系。其木雕、石雕、陶雕、陶塑、灰塑、绘画等优美华丽，罕见的波浪形山墙线条流畅。富德碉楼建筑面积较小，却有着复杂的空间。进入大门首先是一个小天井，经过斜对的二进门才进入主院。主院采用非对称的空间形式。主院落周围采用了有屋盖的半室外空间，以适应当地炎热的气候。

（3）会客厅

会客厅在雷州半岛地区是一种类型较为特殊的建筑，此类建筑分为两种：一种是宗族集体共有，另一种是村落中的豪门大户单独建设。会客厅一般建在村落中较为显著的位置，其功能以接待来客为主。功能流线简单，因此空间布局较简单，通常是一或两进的院落，不像住宅那样有形式丰富的侧院，但建筑规模较大。会客厅是宗族或主人展示自己地位和财力的地方，极尽奢侈，往往是聚落中最隆重富丽的建筑。潮溪村现存的会客厅主要有“峥嵘”和“朝议第”。

朝议第是雷州富豪陈钟祺家族的会客厅，陈

钟祺曾任直隶州州判，诰授“朝议大夫”，四品官。妻诰封四品恭人，是五代连续仕官的世家。朝议第建于清代光绪年间（1875—1908），建筑面积700平方米。建造耗时三年半，当时造价约3.5万两白银。建筑对外封闭，对内开敞，显示出强烈的防御性。其规模雄伟，有炮楼两座。屋顶四面环绕跑马道，有防火、防水、防盗和枪眼等防御功能体系。整栋建筑包括高大门楼一座，堂屋、敞厅、包帘、密室、照壁、屏风门等，建筑艺术独具风格，工艺精湛，运用木雕、砖雕、灰塑、陶塑、彩绘等装饰艺术，题材多样，色彩丰富，装饰华丽。该宅落成时，曾轰动雷、琼、高三州府。

朝议第建成年代较晚，因建筑功能细化而形成，延续了一般住宅中堂屋的功能——对外交往，因此格外强调正房的主要地位。正房高大宽敞，居中的堂屋前面延伸至庭院，加有类似抱厦的敞厅，扩大了室内空间，可以容纳较多的人举行仪式和活动。院落以正房为主，两侧的包帘为辅，围合成封闭的庭院空间，庭院尺度较大，在平面空间上呈现出凹字形。西侧包帘靠近门楼的一侧设有一间密室。照壁后连着两个院落，结合环绕外墙跑马廊和西北、东南两碉楼的设计，形成完整的防御体系。

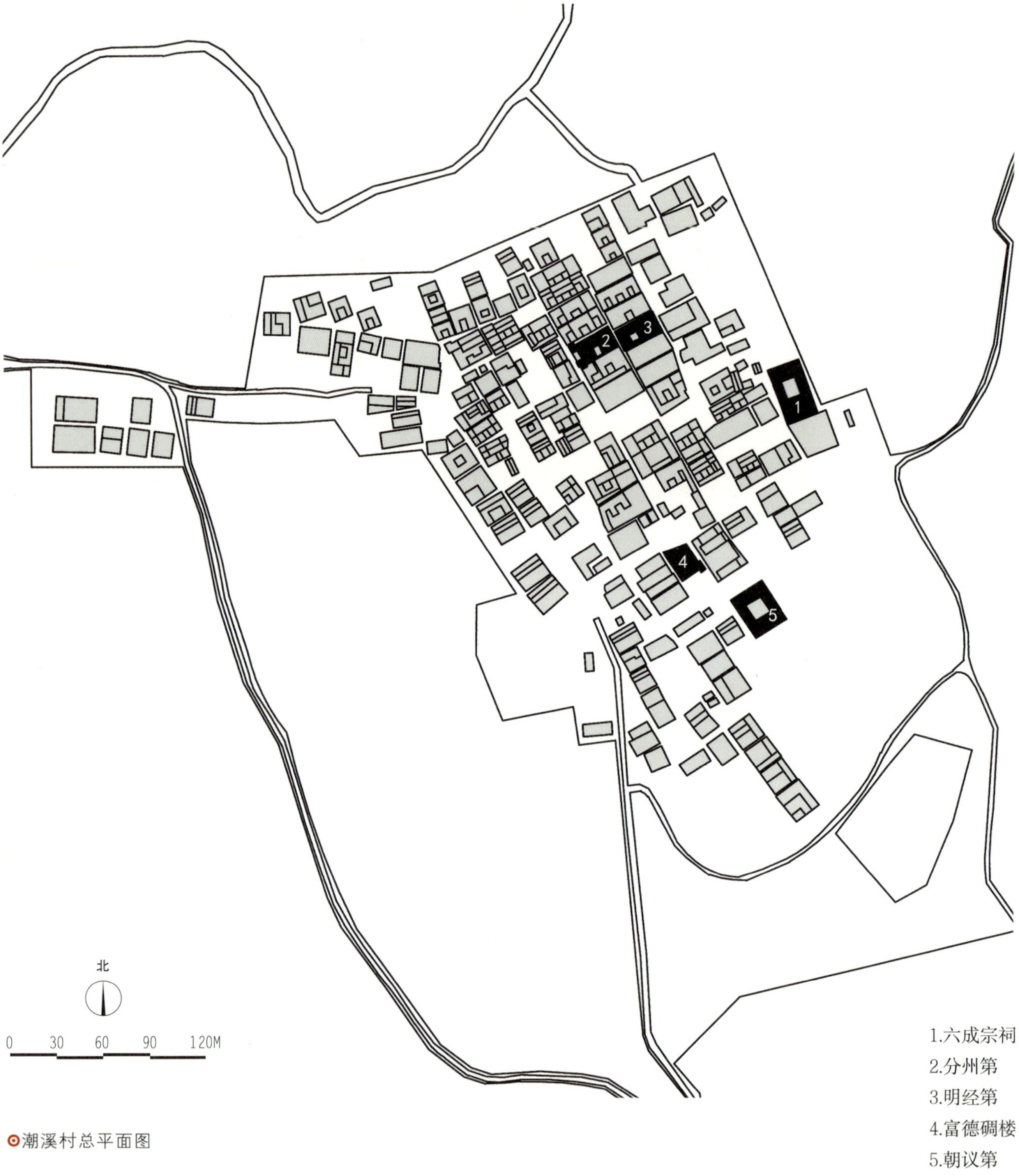

⊙潮溪村总平面图

门楼

分州第

正屋

⊙民居

⊙分州第天井

⊙分州第正屋内神龛

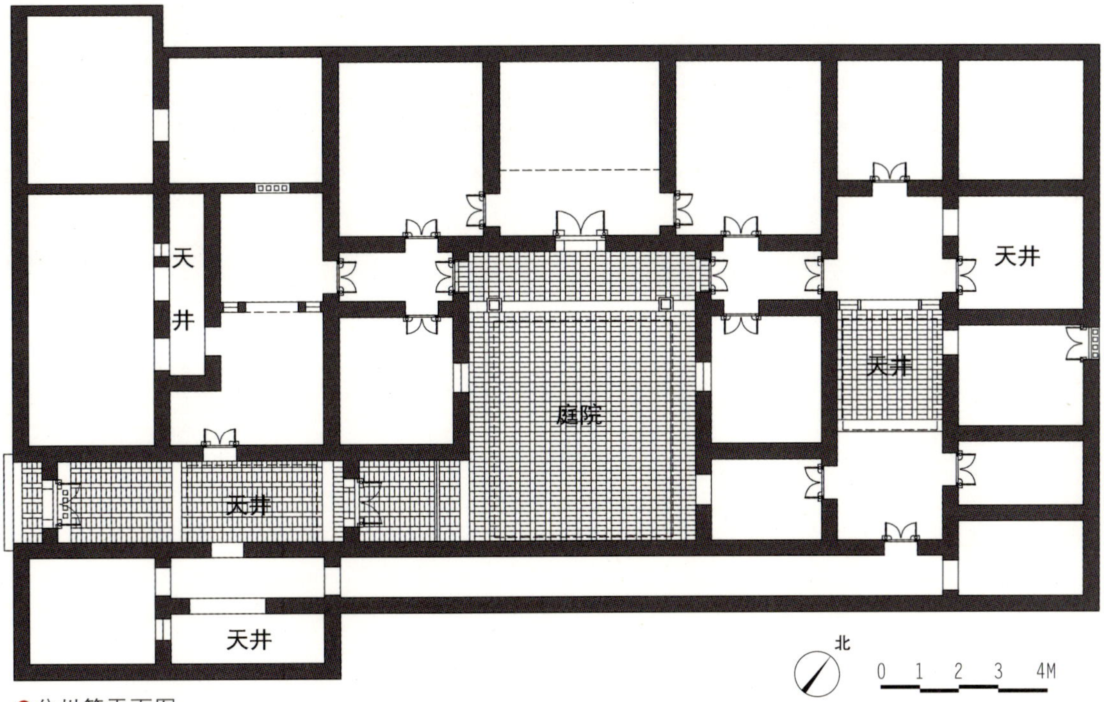

⊙分州第平面图

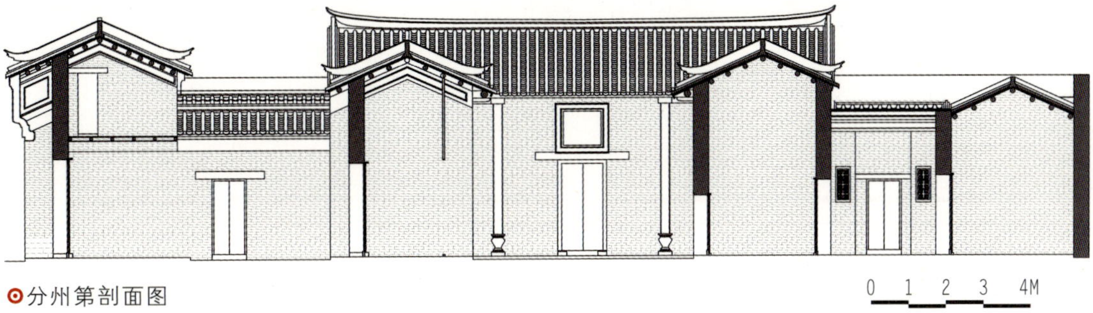

⊙分州第剖面图

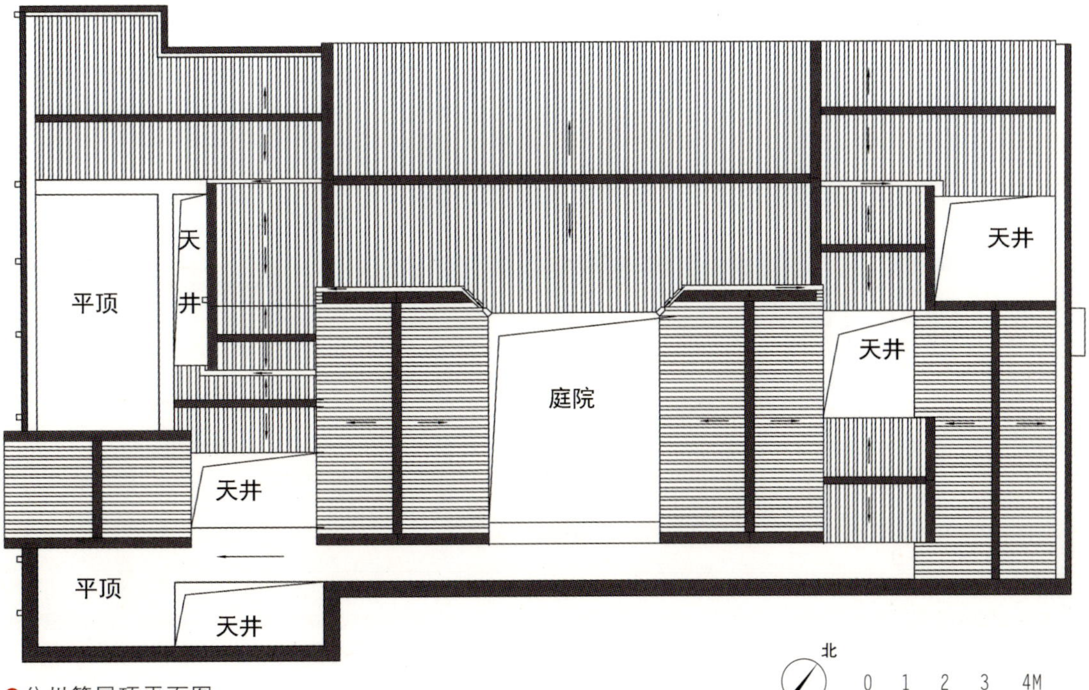

⊙分州第屋顶平面图

明经第立面图

0 1 2 3 4M

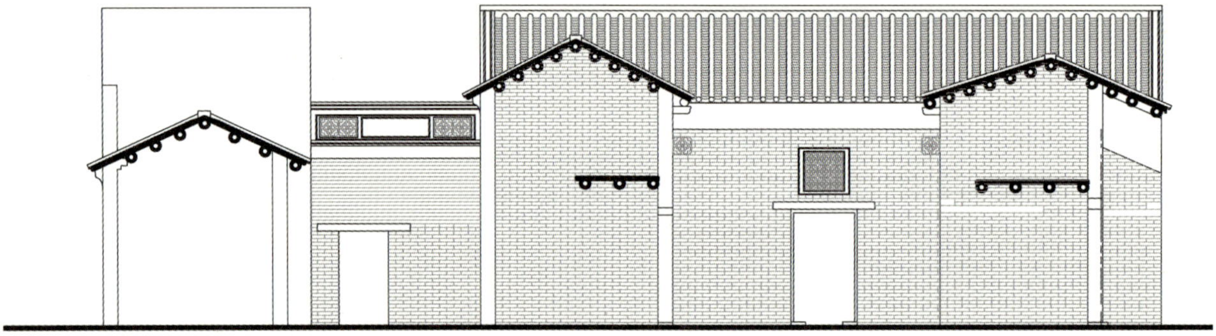

明经第剖面图

0 1 2 3 4M

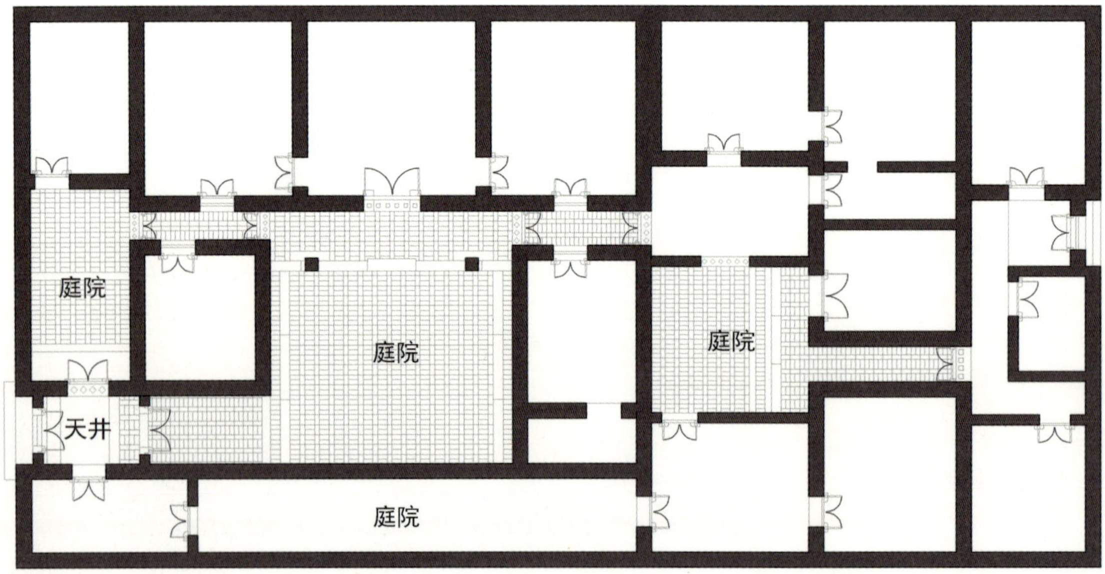

明经第平面图

0 1 2 3 4 5M 北

⊙民居门楼

⊙朝议第门楼

⊙朝议第门楼匾额

⊙民居屋顶

⊙门楼

⊙正屋

⊙镬耳山墙

⊙正屋天井

门楼内

正屋

道义门楼

恢茎门楼

民居屋顶

⊙巷道

⊙门楼

富德碉楼

东林村

1. 历史概况

东林村现属雷州市南兴镇管辖，位于雷州的母亲河——南渡河下游的南岸。东林村历史悠久，始建于南宋祥兴年间（1278—1279），为林姓世居，自古人丁兴旺，团结和睦，百姓勤劳，良田充足。

东林村人自古崇学，文运鼎盛。据《海康县志》，东林村始祖林翠夫乃南宋景定三年（1262）壬戌科特奏进士，升内秘阁校书郎，宋末参与文天祥、陆秀夫、张士忠等抗元保国运动，为国殉难。雷州第一解元、明永乐元年（1403）进士林文亨也出自东林村。明代有解元、进士6人，举人11人，贡生等58人，任官职者45人。

2. 村落形态

东林村所处的地理地貌为典型的平台阶地及低丘陵地带，地势平缓起伏不大。东林村选址的特点为近水、近田、近交通。村落选址较难做到“枕山”“面屏”的风水格局，因此在村落整体布局与建设中，通过人为修整，完善了村落的环境格局，如栽植防护林、挖掘水塘等。

东林村的整体形态以自然条件为依托，宗族意识、安全防御和防汛排水等因素影响着它的规模与空间格局，保持着很长的稳定状态。

东林村由院落式建筑构成邻里居住组团，再构成村落街巷空间。村落内部空间形态布局与其功能组织相辅相成，通过生产场所、居住场所和公共场所组成完整的村落空间体系。东林村四周良田环抱，村落北面外围有茂林灌丛遮挡北边的寒风，林带外有环绕村落的水系，形成西、北、东三面的围合，入村道路在村落的南面。宗祠和支祠位于村落南面入口和西面等处，多个宗祠依次南北排布。村落建筑为梳式布局，街巷以南北向为主，局部有横向巷道与南北主巷道相通。

3. 建筑特色

东林村聚落建筑群整体保存状况良好，现存古民居数十栋，总建筑面积达2万多平方米，保持了明清时期的风貌格局。

村落建筑根据建造材料的不同，分为砖砌瓦面屋及夯土茅草屋。茅草屋多用作牲畜及农具杂物用房。

（1）祠堂

东林村祠堂有宗祠、支祠与家祠，总数10余座。祠堂一般位于村落内空间比较重要的位置，如村口空间，由南往北依次排有三座祠堂。东林村的祠堂庭院空间较大，以利于容纳更多的族人。祠堂坐北向南，主入口设在南向，整体布局追求中轴对称，仪式性强。院落较小的祠堂入口外通常设有广场，形成公共活动空间。

双桂里祠堂位于东林村中部，始建于清代，坐北向南，两进，砖木结构，硬山顶，整个空间组合是四合院加东偏院。建筑有门厅、正厅、厢房等。大门檐廊石柱高达4米，门口有清代石鼓一对，两侧墙壁上做有彩釉漏窗。建筑装饰有木雕、石雕、陶塑、灰塑、彩画等，华丽多姿。祠堂东侧有天井小院，内附带碉楼，别具一格。

（2）民居

东林村古民居主体建筑是类似广府民居“三间两廊”的三合院。三合院空间由正房、厢房与天井庭院构成。正房面阔三开间，位于中间的明间为厅堂，两侧次间为卧室。厅堂也是祖堂，后墙神楼供奉祖宗牌位。厅堂通过檐廊与院落相接，院落较为宽敞，两侧为厢房，通常厢房为两开间，正房和厢房相连处为侧廊。规模大些的三合院为两层楼，建筑层高较高，二层布局与首层相似，一、二层通过厢房室内的木梯相连。

东林村的三合院民居可分为单栋三合院及前后连体三合院。单栋三合院空间为三面是房（正房与厢房）、南侧围墙（照壁）形成围合的庭院空间；连体三合院空间为三面房围合，南侧没有另砌围墙，而由邻里正房后墙面界定空间，与珠江三角洲广府梳式布局民居相似。古民居构成的基本空间单元“三合院”具有以下特征：①院落的朝向：建筑空间的主轴线平行于南北向的巷道，院落主轴为南北朝向，对称布局；②院落的尺度：建筑围合尺度大，一般有两层高，院落空间开阔，长宽比接近1:1；③院落的构成：三面房屋一面墙（照壁）或四面房屋围成一个院落；④院落的入口：主入口一律设置在建筑东南角，在东侧厢房的南端，有时建筑西侧会设置次入口。

司马第位于东林村中部，始建于清代，坐北向南，内有房屋6栋，为砖木结构院落式建筑。平面以三合院及四合院空间为组合单元拼接而成。宅居整体布局合理，院落空间丰富有序，雕刻工艺精湛，民居具有典型的雷州清代建筑风格。

相德居于东林村中部，始建于清代，坐北向南，房屋4栋，包括正房、厢房等，为硬山顶、平脊砖木结构的三合院式。建筑有木雕、石雕、陶塑、灰塑、彩绘等装饰。正屋门口两侧有彩釉花格镶嵌红砖花墙，天井两边为檐廊及厢房。平面是三合院加偏院组合而成，空间秩序较为简洁，外观朴素大方。

桂庐位于东林村中部，建于清代晚期，坐北向南，房屋4栋，有正房、厢房、天井、走廊、照壁等，砖木结构，带有外来建筑风格。平面也是三合院加偏院，偏院内有小天井采光。正屋为二层建筑，大门及厢房为硬山顶式桁梁结构，有木雕、石雕、陶塑、灰塑、绘画等装饰。

（3）宫庙

天后宫位于东林村南侧，清代光绪二十二年（1896）年重修，坐北向南，面阔三间，进深三进，砖木结构硬山顶。建筑有山门、拜亭、主殿等，主殿供奉天后（妈祖）等神像，保留着清代建筑风格。

雷祖庙位于东林村西侧，历有修葺，现建筑为民国12年（1923）重修。雷祖庙坐北向南，面阔三间，进深三进，也是砖木结构硬山顶。建筑平面中轴线上置有山门、拜亭、主殿等，建筑素朴大方。主殿正中有神阁，神阁奉祀雷祖陈文玉，左祀石神，右祀李广。主要文物有林荣藻题“雷祖庙”木匾及光绪十四年（1888）铁钟等。

⊙东林村总平面图

⊙双桂里碉楼

⊙桂庐门楼

⊙司马第门楼

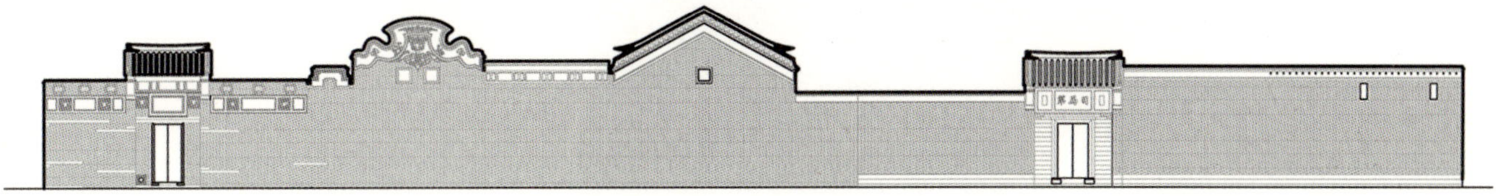

司马第立面图

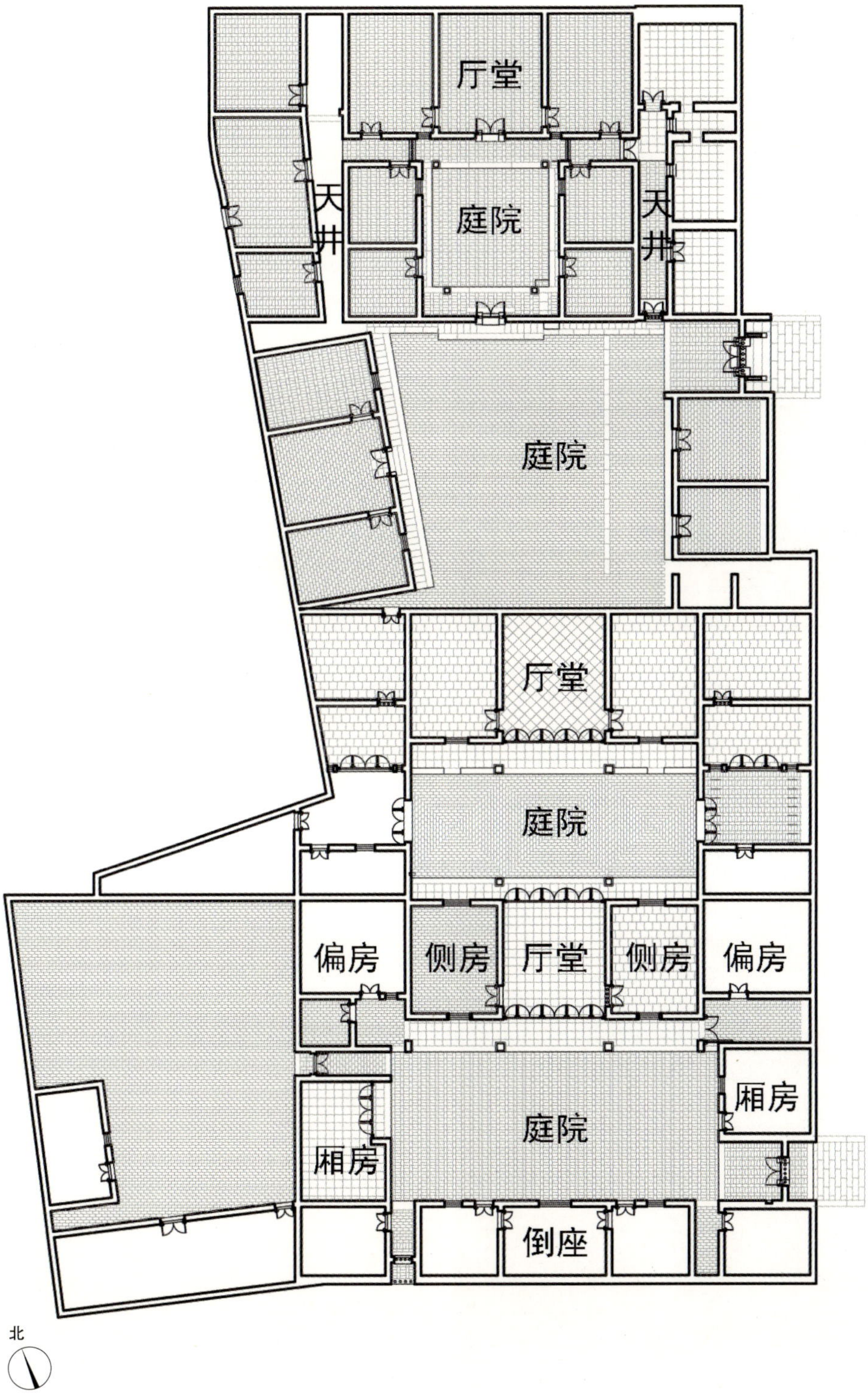

司马第平面图

神龛

桂庐门楼内景

门楼

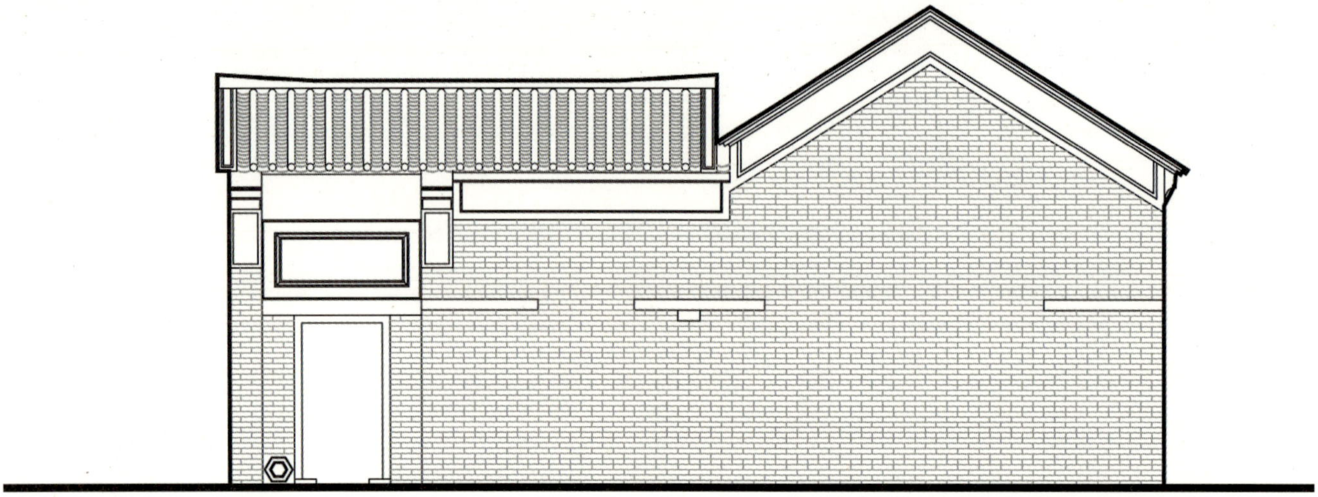

⊙相德居东立面图

0 1 2 3 4M

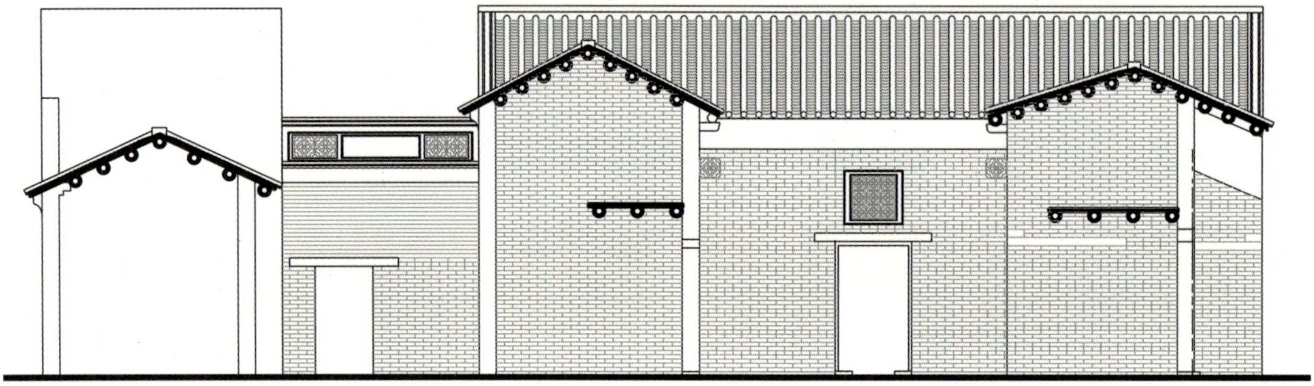

⊙相德居 1–1 剖面图

0 1 2 3 4M

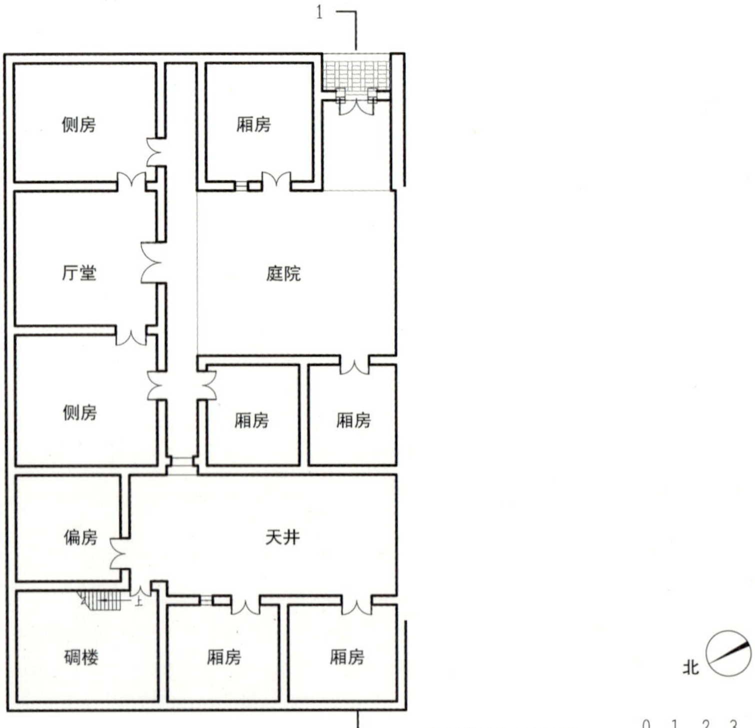

⊙相德居平面图

0 1 2 3 4M

⊙门楼与巷道

民居正厅

祠堂正厅

⊙双桂里碉楼

⊙双桂里碉楼

⊙民居屋顶

⊙枪眼

⊙正屋

⊙正房

⊙照壁

⊙天后宫

⊙九龙坊与醇直公祠

前美村

1. 历史概况

前美村位于汕头市澄海区隆都镇，创建于元末明初。隆都是韩江三角洲平原中部北侧的一个古镇，被韩江的汊流和低丘陵包围。隆都原称“隆（龙）眼城都”，因盛产龙眼而得名。前美村的居民是在元明换代的时候，才迁此定居。

明嘉靖《潮州府志》上，就有前溪和溪尾的村名。清代中期溪尾改名“居美”，至民国30年（1941），前溪和居美两个村落合并，各取村名的一字，合称“前美”。名称一直沿用至今。前美行政村除了前溪和居美两个村落外，还包括朱厝、居美、后陈、竹宅、前溪陈和前溪许等自然村。

前美村的居民，陈姓最多。在潮汕地区，向有“陈林蔡，天下镇（占）一半”的俗语，陈姓乃是潮汕地区的第一大姓。据《陈氏族谱》记载，陈氏是宋岐国公陈洪进的后裔，世居福建泉州。在元朝末年，一世祖世序公为了躲避战乱，带着四个儿子迁入潮州，居于溪尾（居美）。世序公去世后，其后裔又分别迁居在前美村溪尾旁边的竹宅、后陈等处，成为前美村最核心的部分。

2. 村落形态

前美村是由多个自然村组合而成。自西往东有前溪村内的西门、永宁寨、寨外、沟头、下底园、竹宅、新乡等，以及溪尾（居美）村内的后陈、前溪、朱厝等。整个村落呈带状组团分布，起止数里地，“一”字形摆开，又各抱阵势。

各建筑居住组团——自然村的外围均有水塘环围。如前溪下底园四周缘溪由多座石桥沟通，后因修路化溪为池，池中多植荷花，每逢夏日，荷香拂荡，成一胜景，“仙桥流水”是前溪陈村古八景之一。

竹宅是明代中叶创建的自然村，村子后面种了防风竹林，故称“竹宅”。按“前榕后竹”习俗，在村前溪边栽种了18棵榕树，古木蔽天，盘根错节，至今已有四五百年。“竹宅古榕”也是前溪陈村古八景之一。

早期前溪以永宁寨为中心。寨外的称谓即为永宁寨之外，路口有一门楼亭，设栅栏，俗名“大栅门”，这是前美全村出入的门户。门额上方书“薰风自南”四字，左右有联：“前不见古，后不知来，百世趋庭遵孔训；溪不临深，地不识厚，四时劝学著荀篇。”

新乡是前溪最后建成的住区组团，也是前美村集潮汕建筑样式之大成建筑群的所在地。潮汕人多地少，华侨众多，经济发达，人文鼎盛。潮人聚族而居，具有深厚的家族观念。这一观念，体现在村落建筑上，就是以家族为中心的围合式格局，特别是富贵望族之家尤为重视此风，以建气势恢弘的“驷马拖车”为荣耀。陈慈黉故居的郎中第、寿康里、善居室均在此。

3. 建筑特色

（1）宗祠家庙

溪尾（居美）是前美村最古老的村落之一，村中陈氏家庙始建于清康熙年间（1662—1722）。清雍正五年（1727），在原来单进的祠堂前面加建了一进，成为两厅一天井、左右通廊的格局。

后陈村头的陈氏家庙松荫堂，建于清雍正乾隆年间（1723—1795）。祠堂也是两进一天井，左右廊庑，后厅加盖拜亭。

下底园聚落中心有璧祖祠，坐北朝南，早于永宁寨建成。璧祖祠后面同一中轴线上还有世序祠，该祠又称“报本堂”，建于清雍正年间（1723—1735），是前美村陈氏创基人世序公的宗祠。下底园还有两座宗祠，炳祖祠与炜祖祠。炳祖习武，中武秀才；炜祖习文，祠中设私塾，称“集益轩”。

溪尾朱厝的居民姓朱，有朱氏大宗祠著存堂，祀朱文公朱熹，祠堂建于清康熙年间，格局与陈氏家庙相同。

（2）陈慈黉故居

前美村因有“岭南第一侨宅陈慈黉故居”而闻名。陈慈黉家族富甲南洋，是一个典型的华侨家族。豪贾商巨陈慈黉随父亲至香港从商，接管父业后主理乾泰隆公司商务。清同治十年（1871）于泰国曼谷创立陈黉利行，并在新加坡、越南西贡、香港和汕头设立分行，形成跨国贸易体系，成为当时泰国商界大贾。

陈慈黉故居始建于清宣统二年（1910），历时近半个世纪，集陈家几代人的心血。故居总占地25400平方米，建筑面积16000平方米，包括郎中第、寿康里、善居室和三庐等，共有房413间，厅93间，形成规模宏大、中西结合的建筑群体。

郎中第，坐西向东，当地俗称“老向东”。清宣统二年动工，历时10余年始建成。整座建筑物为龙虎门硬山顶“驷马拖车”式，共四进。龙虎门内置舍南、舍北书斋各一座；两厢为平房，四周由骑楼、天桥连接。有房126间，厅32间。

寿康里，1922年兴建，至1930年建成。格局与郎中第基本相同，坐北向南，在“驷马拖车”的基础上有所调整。占地4100平方米，有房95间，厅21间，门窗嵌各色玻璃，闪光透亮，金碧辉煌。院内东北角有优美别致的两层“小姐楼”，作为未婚姑娘读书住宿的闺房。

三庐别墅是寿康里的附属建筑，占地面积800平方米，为二层楼房，有房26间，厅4间。建筑小巧玲珑，幽静舒适，临池近野，是陈家专门用于接待客人之所，也是族人议事的地方。

善居室，始建于1922年，至1939年日本攻陷汕头时尚未完工，占地6860平方米，为四进“驷马拖车”式建筑，共有房166间，厅36间，是所有宅第中规模最大、设计最精、保存最为完整的一座。两侧及后包为楼房，分成若干院落，各院落分设院门，前后左右天桥相通。善居室既吸收西洋之阳台、敞窗的建筑风格，又运用传统的院落、连廊等建筑形式，外观庄严大方，室内窗棂斗枋典雅精巧。

陈慈黉故居具有潮汕地方特色，又巧妙融合了西方建筑风格，以传统的“驷马拖车”糅合西式洋楼，点缀亭台楼阁，通廊天桥，迂回曲折，是中国早期典型的中西合璧建筑。

（3）永宁寨

永宁寨为方形，由村先祖陈廷光于清雍正年间（1723—1735）创建，至今已有近300年的历史，全寨占地约1万平方米，坐西南向东北，寨内正中央是一座规模宏大的潮汕传统“驷马拖车”民居建筑，中座为祖堂“中翰第”，三进旁两巷布局。构筑目的在于防洪、防涝和防盗贼，祈望永远安宁，故名“永宁寨”。

中翰第与左右两座“四点金”排成一列，寨内阳埕分上中下三层，前低后高。环倚寨墙而建的住屋皆是两层楼，互相连接。寨墙三面高，一面低，全是灰砂夯成，坚如磐石，至今无一处坍塌。两侧和后包寨墙高8米，厚自下而上为0.5至0.2米。全寨设大小寨门三个。两个大寨门对应开在左右两面寨墙前端，俗称“龙虎门”，是出入寨的主门。寨门上建有门楼和瞭望窗口，作为守夜值更防卫之用，“永宁寨”三字平稳端正立在门上。小寨门开在后寨墙，有太平门之用。后寨墙的东南角还建造一个方形的碉堡式建筑物，俗称“寨耳”，是旧时守更岗楼，上下有枪眼，控制着寨后和寨右墙外的通道。

寨内阳埕前有一口八角形大井，为木壁古井，构造奇特，天气晴朗时可见井中有井。井水从不干枯，过去全寨人饮用水全靠此井。寨正面临水，墙高4米，墙外为护寨河。方寨正中对着远处的莲花山峰，每逢晴朗天气，寨前河水澄清，莲峰倒影如画，“莲映波平”为前溪陈村古八景之一。

（4）书斋

前美村向来有重学崇文的传统和风气，精致幽雅的书斋建筑，有的是独立成座，有的与住居大厝连为一体。村中书斋之多，不胜枚举。

养心斋，在永宁寨的北门外，为陈廷光修建，是他致仕归乡之后颐养天年，读书养心的地方。建于清雍正年间，斋后壁原有一幅山川图灰塑，取材于隆都至潮州沿途景色，传为陈廷光亲手创作。后毁于水患。“养心画壁”为前溪陈村古八景之一。

鹤鸣轩，在下底园的炳祖祠畔。因主人习武，内拜祭关公。轩旁有大榕树，古时白鹤群栖，晨起舞剑，常闻鸟鸣。“武馆鹤鸣”为前溪陈村古八景之一。

思斋及志道书室，在永宁寨外东侧河畔，为诚开公的书斋。门匾有“思斋”二字，有联：“思深文笔开花艳，斋静书声带雨凉。”思斋小巧清雅，内有月亮门，上书“志道”二字。

东篱别墅，俗称“新书斋”，在寨外“永祚楼”对面。是陈氏后人利用养心斋的残垣石料重新构筑而成。坐北向南，临水而筑，陈氏好几代先贤均在此设塾，培养了一大批学子。

梅鹤吟馆，在沟头义门路西侧。清末民初辟为书斋。中厅悬挂宣统皇帝御赐手书“寒木春华”匾额。有联：“梅彩月明满地看，鹤声露下隔溪闻。”

觉园，在永宁寨东门前通奉第内，通奉第系陈慈黉兴建。书斋与大宅连在一起，是一附属建筑，南向。大宅面向远处奕东山村的佛寺，夜间远眺，寺灯闪烁，“映莲佛灯”也是前溪陈村古八景之一。

醉石山庄，在新乡陈慈黉故居郎中第后面。书斋跟大厝相连，书斋两层，建筑典雅，回廊曲径，中西合璧，颇具特色。书斋对联：“醉后挥毫，万里湖山皆入画；石间题句，一庭花木尽生香。”

此外，前美村的书斋还有登瀛仙馆、寄傲山房、观澜书屋、接云楼书舍、退一步斋、东壁西园、刘厝书斋、舍南、舍北、逸庐、梦庐、泽园等。

前美村总平面图

1.朱厝 3.后陈 5.下底园 7.永宁寨 9. 西门
2.溪尾 4.竹宅 6.沟 头 8.寨 外 10.新乡

陈慈黉故居

陈慈黉故居天井

陈慈黉故居庭院

陈慈黉故居客厅与天井

陈慈黉故居客厅

陈慈黉故居小姐楼

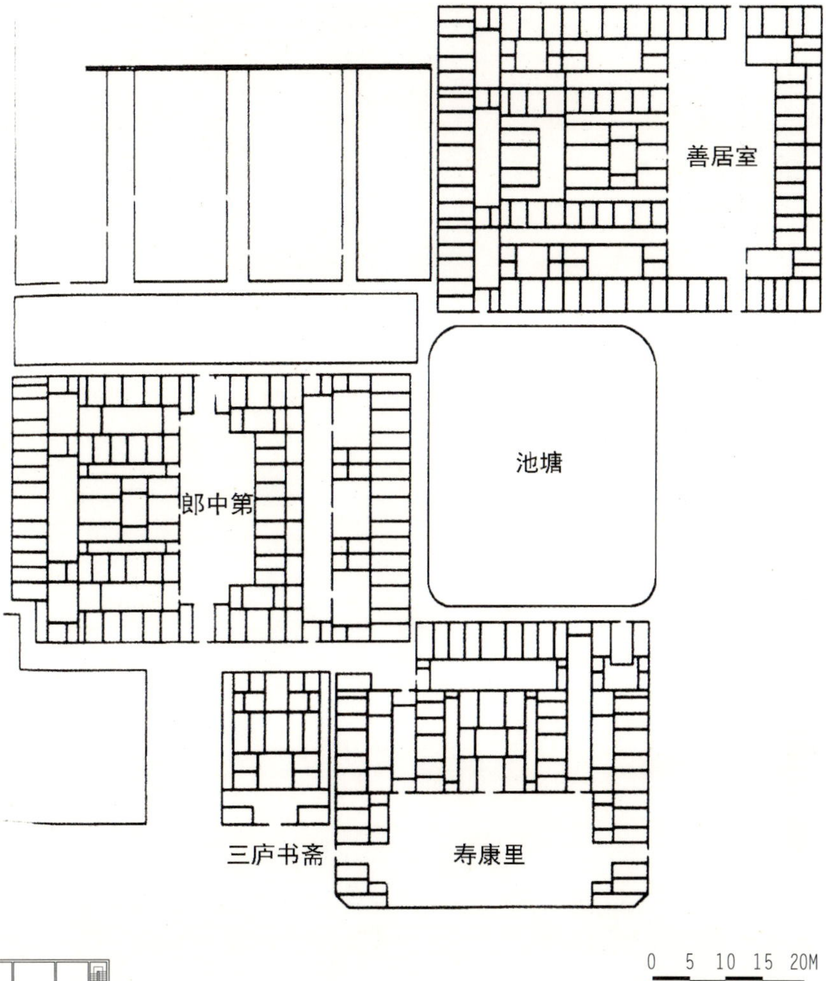

⊙陈慈黉故居平面图

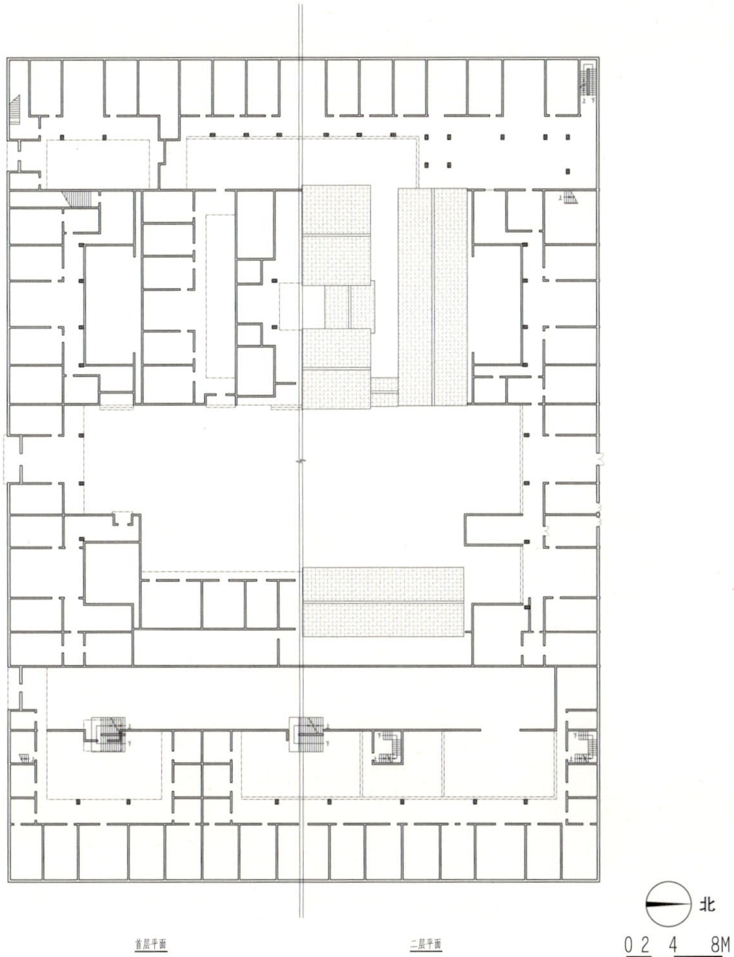

⊙老向东侨局平面图

民居群

⊙长美门寨门

⊙寨门内侧

石雕细部

灰塑

寨门

⊙塔栈

⊙民居

⊙国王庙

龙湖寨

1. 历史概况

龙湖寨位于韩江中下游西岸的潮州市潮安区龙湖镇。龙湖又称“塘湖”，因古寨西、南、北皆池塘（古彩塘溪遗迹），故名。据《海阳县志》记载，初创年代为南宋绍兴二年（1132）之前，经数百年龙湖先民的建设，至明嘉靖年间（1522—1566），为防御倭寇的侵扰，筑寨自卫，形成了“三街六巷”的聚落规划格局，寨中汇聚有数百座宗祠、府第、商宅、宫庙等建筑物。

历史上的龙湖寨水陆交通便利，是它后来成为繁荣商埠的一个重要条件。龙湖寨东有韩江西溪，西临尚未湮没的古彩塘溪，陆路又是通往府城的要道，周围十里沃土。龙湖寨恰处于韩江的出海口，大宗货物运输多通过水运，由于龙湖具备水陆交通的特殊位置，自然而然地成为历史上潮州的物资集散地之一。16世纪以后，海运业逐步发展，小港口如东港、西港、溪东、南陇、东里及沙汕头兴起，共同组成了当时联运的港口群，其中的西港即是龙湖东南方的西溪出口处，故龙湖历史上一直是潮州商业贸易十分活跃的墟市。清咸丰八年（1858），中英《天津条约》规定将潮州辟为通商口岸，因潮州民众强烈反对，加上南海滨线逐渐南移，咸丰十一年（1861），中英双方改汕头为通商口岸，汕头港和樟林港随之崛起，西港和潮州其他港口一样，其海运口岸的功能逐渐退化。龙湖自此也成为内陆镇。

2. 村落形态

潮汕的乡村聚落多为聚族而居，一般是一姓一村或数姓一村，而龙湖寨作为一个自然聚落，聚居者姓氏达50余姓之多，寨中宗祠、家庙百余座，民居、府第数百座，直街长度达1千米，是潮州少有的姓氏繁多、宗祠林立的杂姓聚落。其规模之大，在岭南其他地区的自然聚落中极为鲜见。

龙湖寨地处潮汕平原，韩江中下游之滨，呈带状，南北走向，面积约1.5平方千米。寨内辟三街六巷，从门到街巷显得设计合理，布置明朗，俨然一座小城，其地形及建筑风格与古时潮州府很相似，故有“龙湖是潮州小城”之称。

寨内结构相当讲究，是先人按照九宫八卦修建的。寨中央直街达1.5千米，街长形直喻为龙脊，同时铺砌的石板道也形如龙脊，便将原先的俗称“塘湖”改为“龙湖”。中央直街的东面有新街、上东门街、下东门街，西面有五宫巷、隆庆巷、福兴巷、狮巷、中平巷、伯公巷，形成“三街六巷”的工整格局。

在平面布局方面，因地理条件的限制，龙湖寨中的府第、民居大部分无法横向发展，以形成多纵轴线并列的建筑群体；只能沿中轴线纵向发展，个别府第达八进之多。这些建筑平面布局在潮州民居建筑中也甚为罕见。

3. 建筑特色

（1）祠堂

祠堂，是族人祭祀祖先或族中先贤的场所。潮汕人历来重视祠堂的建设，这是“怀抱祖德”“慎终追远”“饮水思源”“报本返始”的孝思表现。

过去寨内最大祠宇是许氏宗祠，位于下中栅上段，坐西向东，始建于清康熙年间（1662—1722），为潮州传统建筑四点金格局的扩大，面宽五间，四进布局，占地面积780平方米。中轴序列有大门、二门、中厅和后厅。二门较具特色的三门面，称为“三山门”，其中门也称“鞠躬门”。中门上额有两个伸出的圆形门簪，门两旁有石鼓二个，石鼓也称“户对”，三山门的建筑体现主人身份的显贵。三山门的中门平时都是关着，有高贵客人或祭祀大事才打开，平时出入都走旁门。中厅为“明序堂”，每年冬节祭祖或开席时，必须按辈份入座。后厅“著存堂”为祖公厅，中设神龛，供祖宗神位，是每年祭祀的地方。厅堂石柱巨大，木柱梁枋等均用整材，祠堂显示宗族的实力与财气。许氏宗祠还是戊戌变法时创办的第一个新式学堂旧址，校名“震华”取自祠内对联：“震为雷无声光焉能赫赫，华而实有文质而后彬彬。”

阿婆祠是龙湖古寨另一个有名的祠堂，由清代龙湖巨商黄作雨为其生母周氏所建，是潮州唯一的女祠。康熙初年，周氏过世后，黄作雨欲将母亲牌位放于氏族宗祠中，族人强烈反对，因周氏为婢女入妾，不得进祠。黄作雨毅然斥巨资在其宗族祠堂旁另建一座比黄氏宗祠更宽大、更气派的祠堂。为建母祠，黄作雨还将天后宫也挪了地。阿婆祠大门前置有广埕，广埕采用“甬道铺”的铺砌方法。大门面阔五间，凹门檐廊三间，明间极宽，占据了整座祠堂凹门宽度的二分之一，故有“阔嘴祠”之称。大门外檐梁架还做有倒挂莲花装饰，门前立有一对古朴的石抱鼓。门匾由清代大儒翁廷资书写祠名“椒实蕃枝”，出自《诗经》中的“椒聊之实，蕃衍盈开”，比喻其子孙如椒树子实之多。内为二进四厅相向的建筑格局。

（2）书斋

龙湖寨历史上以重文崇教著称，科举出身的进士举人达53人。南宋嘉定七年（1214），龙湖姚宏中会试京师中殿试第三名，成为潮州历史上唯一的探花。

“龙湖多书斋”盛名在外，除了创办于明代的龙湖书院外，全寨书斋数量还有30余处。著名的有黄姓江夏家塾、许姓高阳家塾以及梨花吟馆、读我书屋、抱经舍、雨花精庐、怡香书屋等等。

（3）民居

龙湖寨至今仍保存着许多明清时期的古民居建筑，其中以清代建筑最为华丽也保存得最好，如探花府、进士第（方伯第）、太卿第、儒林第、绣衣第、夏氏府（夏雨来故居）等。

进士第位于隆庆巷中段，坐北向南，是明嘉靖时（1522—1566）广西布政使刘子兴的宅第，建筑共三进，占地面积为1648平方米。因年久破旧，于民国初由刘子兴的裔孙，同时也是一代侨领的刘正兴先生（字葵如）重建，落成于民国12年（1923）。这座府第的建筑特色，是以中式为主、西式为辅的中西合璧的建筑风格。这座府第是两门制，即两道门，首道门进士第，表明主人的文化层次进士及第；第二道门方伯第，表示曾任的官阶官衔，刘子兴官职相当于封建制度五爵中的伯爵，故而也称“方伯第”。建筑布局为三进带一后包，三从厝，后有花园、更楼。大门后的门厅内置有四扇博古屏，嵌瓷屋脊有飞禽走兽、花卉水果等，墙面灰塑彩绘有人物动物、山水花卉等，外窗窗楣上有西洋图案罗马花式，梁枋、檐板木雕采用浮雕、通雕、圆雕细刻而成，然后贴金。后厅即祖公厅，为“绥成堂”。建筑讲究，装饰多姿，是龙湖寨最具规模的名人宅第，也是保留完好的一座大宅第。

与进士第西面一巷相隔的是太卿第。

儒林第位于福兴巷，坐北向南，分四进，始建于清乾隆中期，是到苏州经营糖业发迹的黄衔、黄鼎相父子两代所建，请苏州的建筑师傅仿苏杭建筑风格建造。大门采用大型石框，省去石屐，非潮汕传统的檐楹结构，屋檐角是潮州地区罕见的“齿”字造型，作用在于减少屋顶的重量对下面檐口角的压力。屋顶瓦面不包灰，屋脊采用通窗连续图案作为装饰。

（4）天后宫

龙湖寨天后宫位于龙湖寨南门内，始建于明代，清代迁至今址。现庙中尚保存嵌于壁上的碑刻一块，文曰：“吏部候选州同知黄名之赵，暨侄其进等同捐，天后宫后拣地去铺七吉存巷伍尺广，阔三丈五尺深七丈。乾隆五十三年七月十五日学修立。”

天后宫的大门门神并非一般祠宇所见的武将——传说唐朝的秦琼、尉迟恭，威风凛凛、手握剑柄的样子，而是绘着二位端庄肃穆、和蔼慈祥的女性，她们手捧如意、身着罗裙，不加冠，背后有飘带。这在潮州庙宇中未见先例。大门两侧的石鼓向内处，刻有似“双狮戏球”的石刻（有人认为是麒麟）。石鼓一般安放在豪宅、祠宅大门及牌坊两侧，以作镇基。除基座有雕刻外，石鼓面不设雕饰，而龙湖天后宫石鼓面上施有雕刻，装饰古朴粗犷，类似明代风格。

龙湖寨门楼

寨门

阿婆祠

阿婆祠

阿婆祠梁架木雕

阿婆祠正厅

正厅

隆庆巷

隆庆巷

隆庆巷

隆庆巷

⊙进士第

伯进公祠

文翰第

巷道

⊙民居巷道

明序堂

福兴巷

福兴巷

⊙土地庙

⊙隆庆巷

⊙儒林第

家塾

民居

象埔寨

1. 历史概况

象埔寨位于潮州市潮安区古巷镇古巷一村，东距潮州古城约8千米，坐西向东。古寨始建于宋代，距今已有近千年的历史，是目前粤东地区保存完整、年代久远的古寨之一。

据潮州陈氏古巷孝思堂族谱记载，象埔寨村民均为万四致政公的裔孙。万四致政公为人敦厚笃诚，德高望重，于南宋景定三年（1262）岁次壬戌开创象埔寨。自陈氏10世祖枫坡公于明永乐十八年（1420）创建大宗祠陈氏家庙孝思堂后，财丁兴旺，各姓氏逐渐改为陈姓。至民国初期，象埔寨终于一统陈姓。

潮汕早期的古寨多位于江河的岸边。象埔寨倚象岭朝笔峰，位于韩江支流横溪的旁边，古时寨前曾是川流不息的古港。寨南寨北有护寨的河渠，一面靠山，三面临水。整个方寨外围由高大牢固的寨墙围陇，寨楼大门上有石匾额“象埔寨”，落款上为“壬戌之秋”，下为“颖川郡立”，说明古寨陈氏祖先乃从河南中原迁来。象埔寨地灵人杰，历代科举名贤辈出，根据潮州陈氏有庆堂族谱记载，本族有进士、贡生、举人18人。寨中现有一座进士第，七座大夫第。

2. 村落形态

象埔寨呈方形，面宽162.4米，纵深154.4米，总面积约25000平方米。围护寨墙高6-7米，寨墙厚近1米。全寨由东大门进出，石砌拱顶，上有寨楼。寨前广场庄严矗立着10座旗杆石。

寨内有三街六巷72厝。三街六巷笔直布置。一进寨门便有一条直通大宗祠的大道，长110米，宽5.9米。大道两侧各有三条平行直巷，每条巷长140米，宽2.3米。从寨内至大宗祠后，有三条横街与巷交叉穿过全寨，前街长157米，宽2.7米；中心街长157米，宽3.7米；后街长157米，宽1.5米。全寨三街六巷相互贯通。

古寨建筑格局规范严谨，布局合理。围寨中部的民居均是“四点金”变易而来的合院，旁侧靠寨墙的为五间过或三间过民居。这种外形规整方正的大型围寨，有如缩小了的古城，后来的潮汕方寨，多效仿这种布局。宗祠位于围寨后部中央，陈氏大宗祠在围寨中轴线的末端，左右两侧有小宗祠。陈氏大宗祠后面有一座气势雄伟的大夫第后楼，与寨门遥相对应。寨墙两端中部也有更楼相对。

全寨东西南北有4口大水井，72座民居内都有一口水井，总共有76口水井。寨门楼和寨后楼都是双层楼，对全寨安全、防卫等起着重要作用。从寨门到大宗祠一线就象是整个古寨的中轴线，围绕中轴线的纵横的巷道使古寨四通八达，井井有条。

古寨在规划和建筑中有四个特点：①全寨是经过周密规划而建成，道路整齐，交通方便；②建筑规整，平面类型丰富，每座民居造型各异；③寨内地势前低后高，排水系统畅通，喝水靠水井，每座厝都有水井，寨内四角各有水井一口，供公用；④建筑外观统一、朴实。

3. 建筑特色

（1）祠堂

沿中轴线行走，尽头可见门亭一座，为“留芳亭”，上面刻着篆字“陈氏家祠”。越过留芳亭，就是陈氏宗祠建筑群。陈氏宗祠包括陈氏家祠、西湖公祠和松轩公祠。

留芳亭为“八柱四垂”建筑，这种三进祠堂前面设置留芳亭的格局，在广东的祠堂建筑格局里面较少见，是目前粤东地区唯一一座。留芳亭后便是祠堂群前的外埕，共有四座院门，分设在陈氏大宗祠两侧，为西湖公祠和松轩公祠的龙虎门。

陈氏大宗祠（陈氏家庙）位于寨后部中央，留芳亭之后，是陈氏10世祖枫坡公于明永乐庚子年（1420）创建，占地约603平方米。祠堂三进，坐西向东。中堂匾额“孝思堂”，寓意后世子孙要孝敬长辈，代代相传。堂前挂着五块匾额，自左至右是“宁德县正堂”（纪念明成化十九年任福建宁德县令塞轩公）、“明经进士”（纪念康熙辛卯科岁进士）、“安远县正堂”（纪念陈氏15世裔孙月塘公于明嘉靖年间荣膺）、“拔元”（纪念清咸丰辛酉科贡生陈方平公）。

大宗祠左边是西湖公祠（二房祠），建于清光绪三十年（1904）；右边是松轩公祠（房祖祠），建于清乾隆二十九年（1764）。这两座祠堂外埕都配有龙虎门的建筑格局，龙虎门为南北向，门脊为楚尾花。西湖公祠龙虎门正面石刻匾额“二房祠”，背面匾额龙门为“奕叶流芬”，虎门为“祟禋世祀”。松轩公祠龙虎门正面石刻匾额为“房祖祠”，书法刚劲有力。松轩公祠前面是雍穆公祠，建于清道光十七年（1837），是一座华贵尚美、精雕细刻的清式建筑。

（2）民居

象埔寨的民居类型很多，但主要为潮汕地区常见的“四点金”“爬狮”和“从厝”等几种形式，通过不同面宽、进深、开间，加上不同房间尺寸以及建筑平面内部的不同组合，形成了丰富的平面类型，即通过民居平面单元类型的组合所成，其特点是组合合乎模数化。

象埔寨民居风格一致，外观朴实，并不张扬，只是入口门楼高出，显示较为雄壮和严肃。平面形制符合本地民间营造丈竿法规定，并且家家有水井，使用方便。

象埔寨内除民居及祠堂外，没有其他公共房屋，这是典型的农村居住村落。封建社会里以小农经济为主的村落，其功能主要是居住。因而，在村落中，没有商业、没有作坊。凡生产、生活上有需要时，包括购买和交换都依靠附近的集墟。

（3）庙宇

寨中主要古庙有两座，一座是仁里庙（又名“花宫”），另一座是玄天上帝南北庙。

仁里庙是四点金式的建筑，是全族的“土地

父母”官，所以装饰也相对讲究。村中每逢孩子出世，家族人总是要到庙里去求神以保佑新生儿今后健康成长。家中若有丧事，家族人也是要到此庙“报地头”，祈求神灵庇护轮回。村民将此庙神灵当作家族的父母官，所以生死大事都会来此报告。

玄天上帝南北庙是供玄天上帝和元天上帝的庙宇，每年正月十九，全族将停止一切活动，参加古寨规模最大的游神活动。是日，各家各户都要准备好礼品摆于神前，即所谓的迎圣驾，届时还要举行赛大鹅的比赛，场面热闹非凡。游神是从白天到夜晚不停歇，圣驾所到之处神前要放鞭炮，晚上则燃烟火，很是热闹。

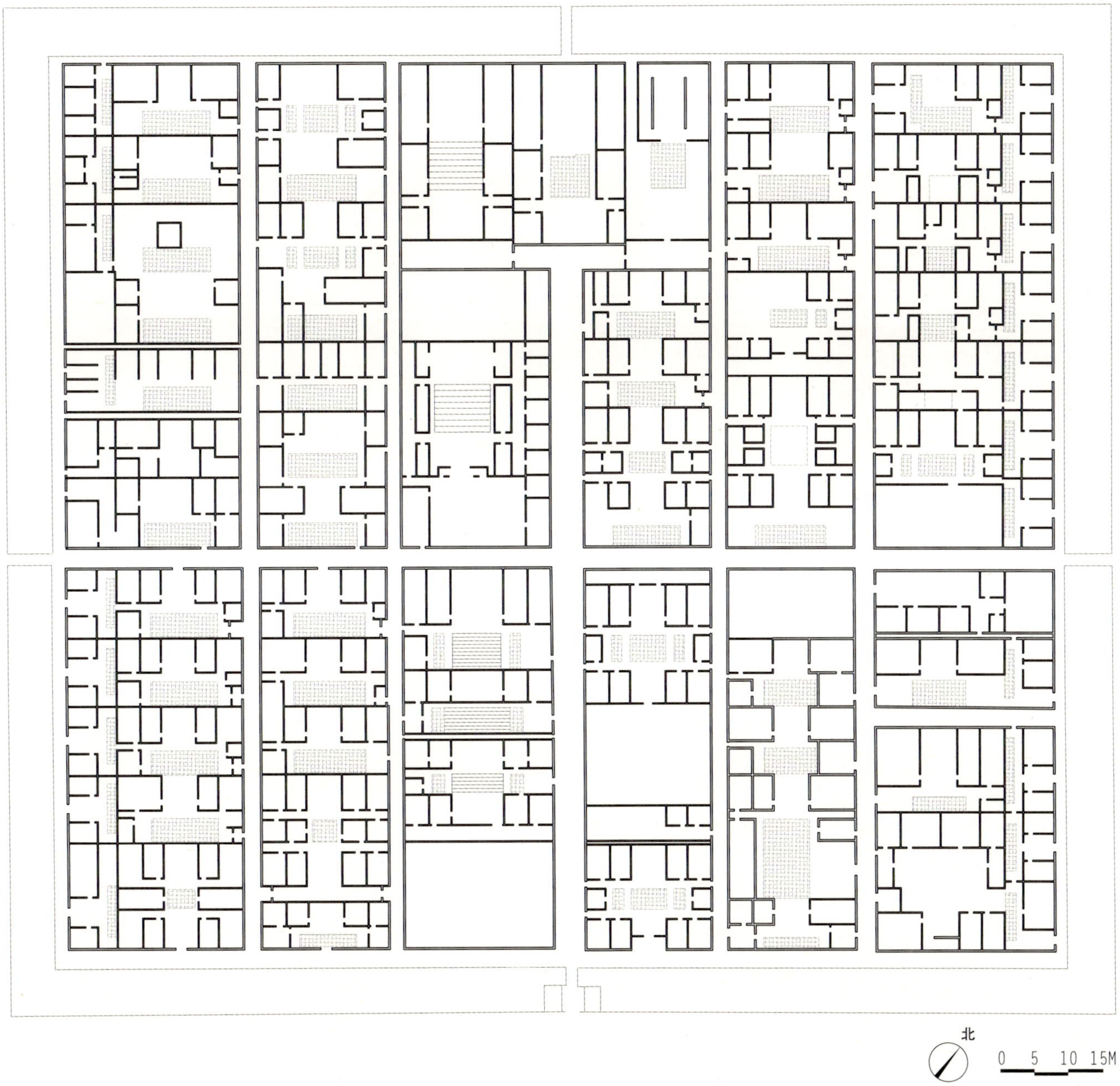

⊙象埔寨总平面图

象埔寨寨楼

⊙牌楼

西湖公祠龙门背面匾额

西湖公祠(二房祠)

西湖公祠(二房祠)

西湖公祠（二房祠）

巷道与水井

仁里庙

⊙中心街

⊙中心街

⊙中心街

⊙孝思堂

⊙永思堂

⊙雍穆公祠

⊙寨楼内陈设

⊙玄天上帝南北庙神龛

⊙玄天上帝南北庙天井

侨乡村

1. 历史概况

侨乡村位于梅州市梅县区南口镇，距梅州城17千米，地处三星山下，由寺前排、高田、塘肚三个自然村组成。全村总面积约为1.5平方千米，有潘姓、朴姓、温姓等650多户。

据传约在明朝成化二十三年（1487）至弘治十六年（1503）之间，潘氏15世永发公的夫人陈氏带着二个儿子到南口三星山下的寺前排开基。潘氏在这片土地上开垦、躬耕，世代繁衍，各姓共居于此，和谐发展。

侨乡村背依三星山，面临渐河，风景秀美，生态盎然。由于人多田少，清末民初许多村民到东南亚及欧美各国谋生，该村成为著名的华侨之乡。

2. 村落形态

三个自然村中，寺前排位东，塘肚在西，高田居中。村内传统建筑绝大多数依山麓地势或村道左右而建。村落建筑以围龙屋为主，围屋前有半月形池塘，屋后种植各种四季常青的乔木，是客家的生态保护区。

村子中央遍布田亩，土地平整，种植着众多农作物。溪河从村舍田畴之间蜿蜒而过，两岸长满了香蕉、杨桃和凤尾竹。村内北部为大片的水稻田和蔬菜田，部分农田内种植着香蕉、柚子、龙眼等经济作物。

从风水上说，主峰高371米的三星山是整个村子的主山，农田是大名堂，对面的围龙冈恰是案山了。村内一条正反弯形状的渐水河，形成了风水术上所谓的“太极水”，渐水河“水口”闭锁，合乎风水术之要求。

3. 建筑特色

客家村落主要以民居建筑为主，宗祠、家庙建在民居当中。村落也有不少土地、老君、社公、观音、五显神等小庙宇，但这些小庙大多小到不能进人，只能在外面烧香敬神。侨乡村客家民居主要有堂横屋、杠屋（或杠楼）、枕头屋、围龙屋等形式。

围龙屋是广泛应用于梅州地区客家民居的一种建筑形式，其依山而建，基本格局是“一路三堂两横一围一池”。中路轴线有上、中、下三个厅堂，两侧有面向堂屋的横屋（厢房），组成中心的合院部分，而在后部凸起的地台上则围以半圆形的围龙屋，后厅堂和围龙屋之间形成凸起饱满的台地叫做“花胎”，下厅（门堂）前有禾坪，有半圆围合的月池。矩形的禾坪平时晒谷，年节庆典时是娱乐设宴场所，半圆形水塘养鱼、洗涤、防火灾，也具有风水聚财的意义。大型的围龙屋在左右横屋外设天井通道，外再加围护横屋和围龙，形成四横、六横、多横，及二围、三围、多围等大规模的围龙屋的形式。

侨乡村的围龙屋大体可分为三个建造时期。早期以明嘉靖年间（1522—1566）的老祖屋为代表，如老祖屋、兰馨堂、品一公祠等，是客家人大家庭聚居的大型集合式住宅，这些围龙屋虽规模较大，但祖堂窄小，房屋低矮，显得非常拥挤；中期以清中叶的上新屋、庆云庐、东华庐等为代表；后期以清代末年的南华又庐等华侨屋为代表，由于人多田少谋生艰难，当时侨乡村许多人漂洋过海到东南亚及欧美各国谋生，在外事业有成的华侨都遵循落叶归根的传统，回到家乡买田置地建大屋，大多称为某某庐。当地人把它们叫做“华侨屋”。

侨乡村的古围屋建筑风格各具特色，现存的围龙屋主要有杠横堂式、“九厅十八井”、杠式等98座，包括寺前排村30座、高田村28座、塘肚村40座，其中20世纪40年代前建造的有80多座。

（1）南华又庐

南华又庐为著名侨胞潘祥初创建于清光绪三十年（1904），是梅县最大的客家民居之一，占地面积1万多平方米。建筑造型独特，亭台楼阁俱全，外观宏伟，气势不凡。屋内分为上、中、下三堂，二横共八堂，左右两侧各四堂（左边中、兴、伊、始，右边长、发、其、祥），各堂既独立又相连，有“屋中屋”之称。上堂后面还有枕屋一排、厨房二座（左右各一座），屋背后有果园。全屋共有118间房，人称“十厅九井”。因创建人潘祥初有八子四女。八个儿子分居八堂内，拥有八厅八井，加以上、中二堂的大厅和中央的天井，故有“十厅九井”之称。

建筑内部置有天井庭院，前后庭引进花墙、敞廊、金鱼池、花台、六角亭，情趣盎然，宽敞明亮。钓鱼亭建于天井旁侧，水池之上，中置石桌凳，供人读书玩赏。所有的堂屋均一个朝向，乍看区别不大，细看却又不尽相同。中央部分三堂并列，两侧又形成重叠，下堂部分不设大门，全部封闭成倒座，共同使用中心主轴线的大门楼。

（2）德馨堂

德馨堂是印尼华侨潘立斋于1905年始建，1917年建成，是一座两堂四横两围龙建筑，房间布局为通廊结构。它利用斜坡，前低后高地建“花胎”围龙。两侧附属建筑作杂物间，引山泉水作自来水用，前面有长方形禾坪，禾坪下有长方形绿化地，门前有一半月形池塘，屋后有一座果园，栽种岭南佳果。该屋的特点是两层围龙，内围与外围相通，外围与内围之间的距离较窄，地板用三合土夯实。全屋占地面积为7500平方米，计有66间。

最令人称赞的是屋内的“之”字形下水道设计，管道相互连接，将水汇聚在天井，再由天井的排水道排出。进入德馨堂正门，有几个可揭开的水泥石块，里面各放置一个瓷盎，瓷盎不大不小，刚好能在底下旋转，却提不出地面，这瓷盎起着过滤垃圾的作用，当水流冲击瓷盎转动时，水流通过，而垃圾则被阻拦下来，可有效防止下水道阻塞，同时也便于屋主清理。

（3）毅成公家塾

毅成公家塾（俗称“老校”）是由潘立斋、潘祥初于清光绪二十八年（1902）捐资建造，是南口安仁学校的前身。该房屋为木棚瓦面，墙面三合土夯筑，初时房前有小果园和围墙，后有花园，按塾学形式而设计，巧妙地利用山坡地而建，前部分为“回”字形建筑，三面单层瓦房围住正面的二层楼。中间空地为花圃，便于采光美化，后部分又为单层建在山坡地上，与正面的二楼连为一体，故楼下楼上的厅房并非能一一对应。塾内共有教室8间，住房2间。建房之初为塾学，教授的内容以文言文为主。聘请秀才或资深的读书人为教师，招收潘氏子弟入读。民国以后改为全日制小学，邻里姓氏的子弟亦可在此就读。房前院内有两株高耸挺拔的鸳鸯银杏古树，后花园有一株枝繁叶茂的白玉兰，这三棵树均为建校初期所种，距今有100多年历史，现已被列为国家二级保护树木。

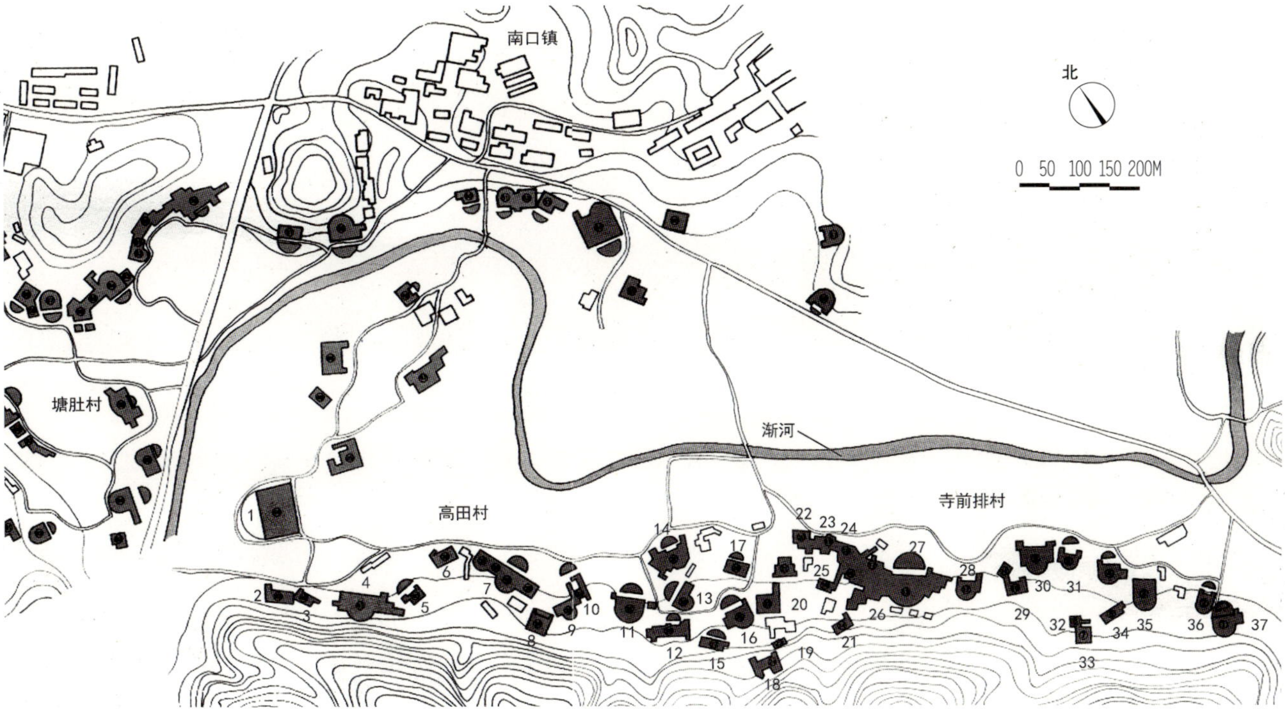

侨乡村总平面图

1. 南华又庐
2. 承德楼
3. 谢屋
4. 宝树流芳
5. 宝树堂
6. 绳贻楼
7. 上新屋
8. 南华堂
9. 鲁国堂
10. 毅成公家塾
11. 德馨堂
12. 上窝
13. 下窝
14. 兰馨堂
15. 钦才庐
16. 伟新庐
17. 琛如庐
18. 锦冈围
19. 友和庐
20. 仁安庐
21. 庆光庐
22. 敦贻庐
23 蕉园下
24. 老学堂下
25. 彬华庐
26. 始光庐
27. 老祖屋
28. 下新屋
29. 刘氏宗祠
30. 东华庐
31. 江夏堂
32. 云泉寺
33. 美华庐
34. 彤照庐
35. 荫华庐
36. 钟屋
37. 庆云庐

南华又庐内钓鱼亭

钓鱼亭

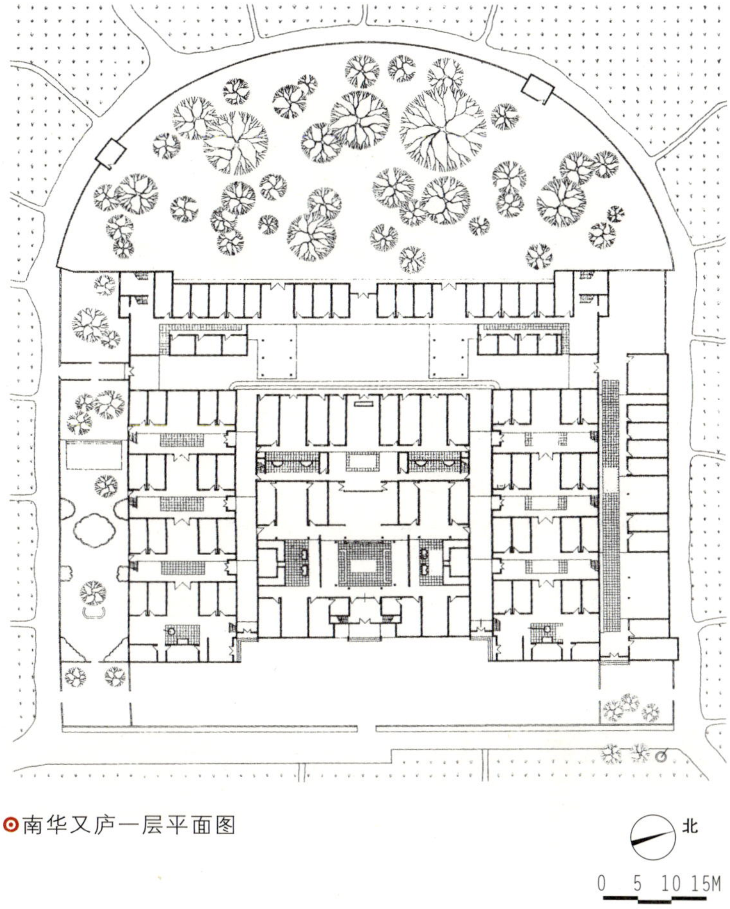

南华又庐一层平面图

南华又庐大门

德馨堂围龙屋

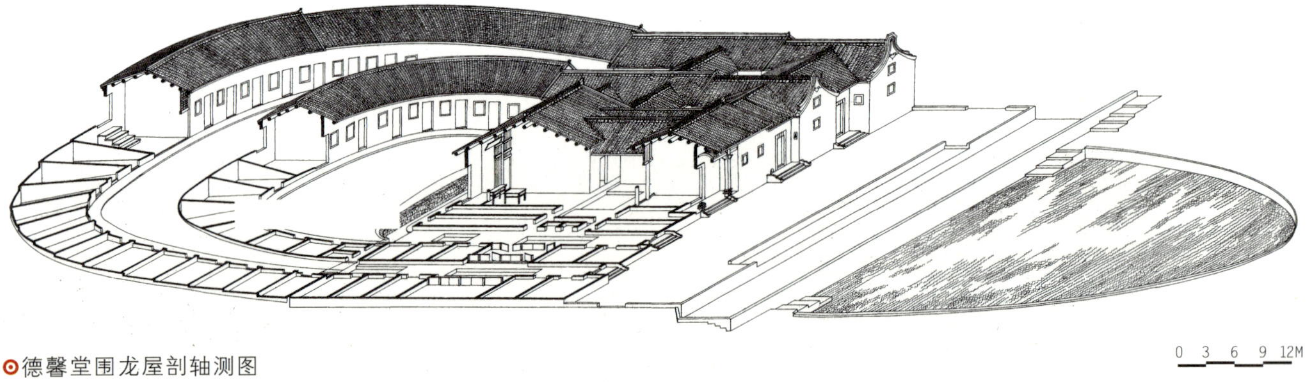

德馨堂围龙屋剖轴测图

围龙屋立面图

德馨堂匾额

德馨堂

毅成公家塾

德馨堂内围与外围

德馨堂通廊

两堂四横的德馨堂

东华庐

东华庐

⊙“十厅九井”南华又庐远眺

⊙铺首

东华庐“花胎”全景

花窗

⊙东华庐"花胎"

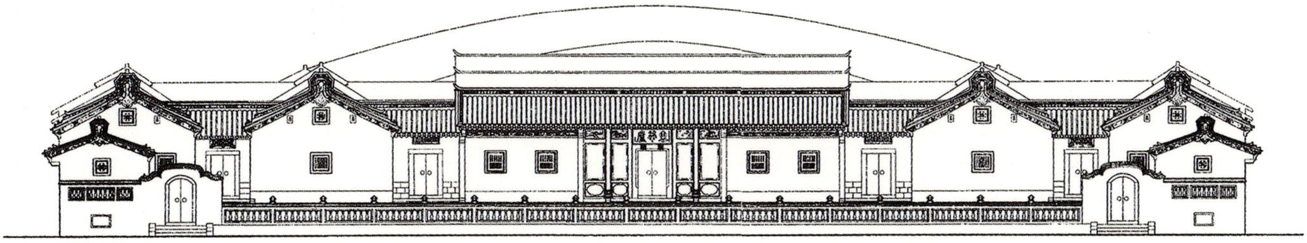

东华庐横剖面图　0　5　10　15M

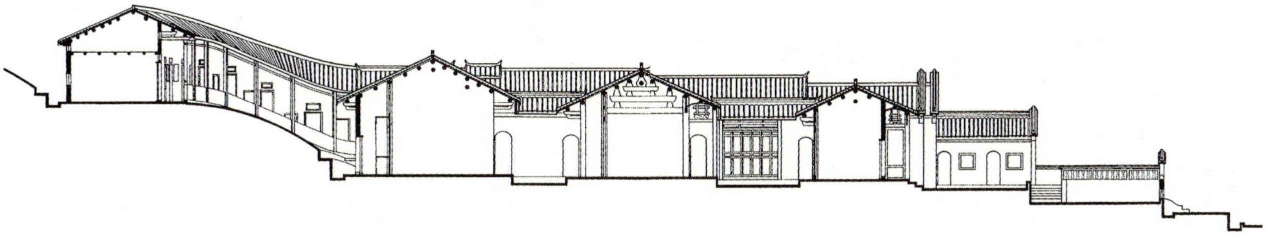

东华庐纵剖面图　0　5　10　15M

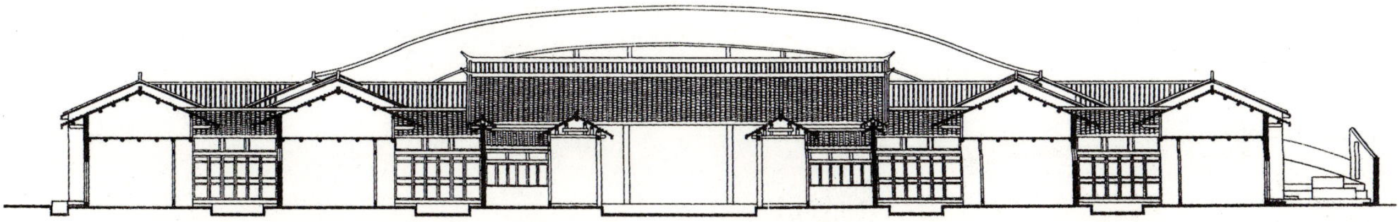

东华庐正立面图　0　5　10　15M

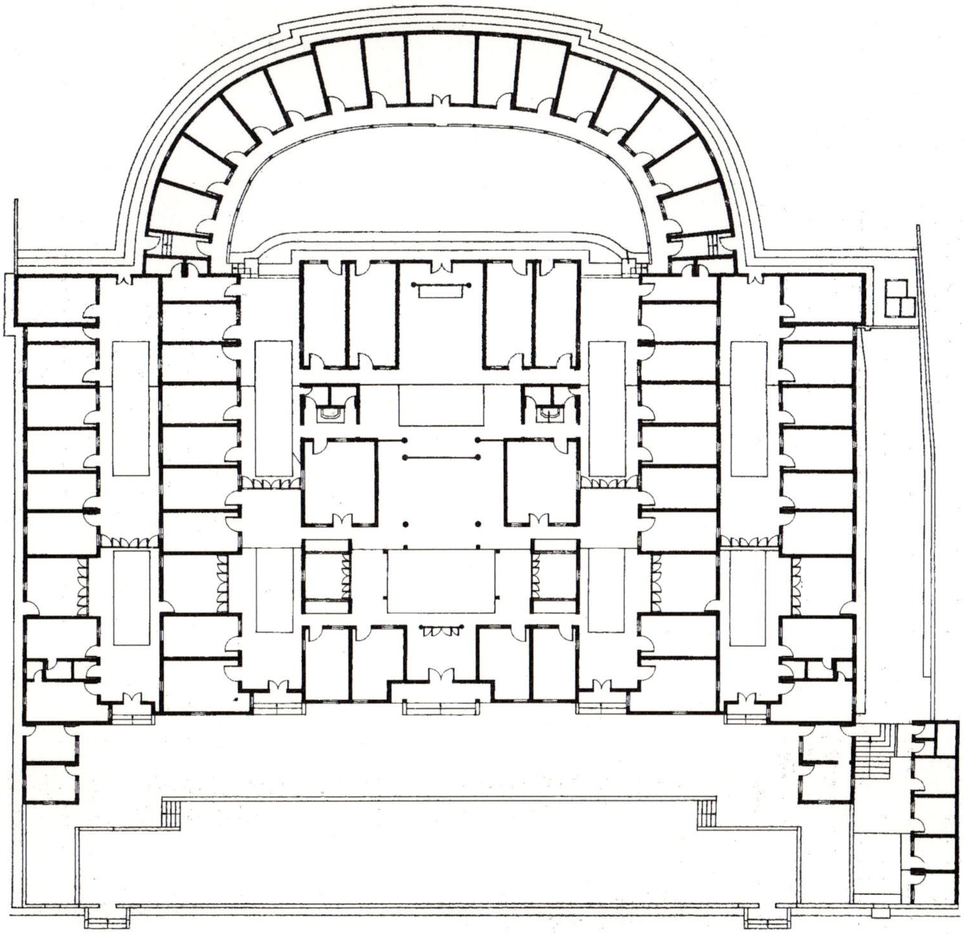

北

0　5　10　15M

东华庐平面图

绳贻楼

桥溪村

1. 历史概况

桥溪村是梅州市东北部雁洋镇的一个自然村落，面积约1平方千米，位于广东阴那山五指峰西麓，海拔500多米。过去通往村外的石径小道陡峭崎岖，入村宛如朝阴那山主峰五指峰一步一叩首，故桥溪村古时称为“叩头溪”。

明万历年间（1573—1619），源自客家中转站——福建宁化石壁村的陈、朱两姓人家，辗转搬迁，先后来到桥溪村繁衍生殖，度过了400多年的宁静乡村生活。

而后，桥溪人走出山村打拼，建立一番事业后落叶归根，使这里产生了不逊于他处的客家民居建筑群落。如今村里保存有朱氏后人留洋后回来兴建的继善楼、世德楼、宝善楼、世安居、宝庆居、祖德居等建筑，陈氏人家建的仕德堂，是一反围龙结构的大屋。精美的建筑是桥溪村魅力的标志。目前村中人数为200多人，旅居港澳台及海外的则多达6000人，是名副其实的侨乡。

2. 村落形态

桥溪为沿溪两岸逐步发展而成的村落，形态呈狭长的带状，整体地势自东北向西南平缓降低。从村口沿溪而下，谷底狭小且山体陡峭，复杂多变，村落上端，山谷更为狭窄，空间局促，不宜居住，多用作垦荒耕种。唯村落现址，山体相对平缓且谷地稍大，为村民提供了生存发展的基本定居条件。故村落呈现出两头窄、中间宽的形状。

许多客家村落建在山区坡地，形成阶梯台状，建筑随着等高线走向而灵活布置。所以客家村落与珠三角平原和潮汕韩江平原规整布局的村落有很大的差异。桥溪村在溪流两旁沿着山体筑台建房，宅居依山傍水，错落有致。由于地理条件的限制，台地进深较小，因此不少民居建有二层，向空中发展。桥溪村大宅多为堂横屋，为减少用地，只做双堂，设上、下堂。

村中数十座古色古香、风格典雅、结构独特、气势恢弘的传统民居建筑，耸立在山涧两侧，客家文化特色浓厚，营造了人与自然的和谐统一。

3. 建筑特色

桥溪村民居类型多样。单层堂横屋有世安居、宝庆居等；两层堂横屋有继善楼、宝善楼等；杠屋有燕诒楼、衍庆楼、世德楼等。堂横屋由堂屋与横屋组合而成；杠屋即由两栋以上的横屋相连而成。

（1）继善楼

继善楼由朱氏18世五兄弟合建，始建于清光绪二十八年（1902），历时12年竣工。为两层两堂四横式，不但规模较大，而且内部装饰甚为精致，其石雕、木雕、灰塑、彩绘，形色端庄，富有书卷气。

平面布局上，两层的堂横屋与单层的平面组织基本一致，纵向中轴布置上、下厅堂，左右对称设置横屋。首层下厅即门厅，上厅为正厅，正厅后面设有神龛。上、下厅堂之间为天井，天井两侧为花厅。堂屋和横屋之间有纵向的长形天井，天井以带花隔窗的隔墙分为上、下天井。横屋由多个房间组成，每列横屋均带一横厅。

外观造型上，横屋山墙与下堂屋面成为一整体，不像单层堂横屋那样突出居中的堂屋，原有堂屋空间在形体上的统率作用变弱，使得这种二层堂横屋的外观形体类似于杠屋状。二层高的堂横屋为了加强正立面效果，常采用突出下堂入口的做法，屋檐做有两层高。

继善楼位于村中心主要位置，房屋之前是用围墙围起来的条形规则的禾坪，围墙连着两侧的龙虎门。两层楼高的入口门厅显得气派，两根石柱撑起了凹斗门檐廊，屋檐下有精雕细刻的木雕装饰，“继善楼”牌匾和“继志述事，善邻亲仁”的门联，依稀向我们透露着房屋主人曾经的辉煌。

走进继善楼，堂屋里摆放着朱氏先祖的图像。因为是两层的楼房，所以楼上也布置成堂屋的样子，比较特别的是楼上堂屋，向外开启的四个窗扇，用彩色玻璃镶嵌，显现出近代外来文化的影响。继善楼的内饰精致，具有浓厚的文化气息，在二楼的堂屋两侧，悬挂着两幅镏金的木刻家训。

（2）宝善楼

宝善楼为两层两堂两横式的堂横屋，平、立面与继善楼相近。屋主人17世维乾公，年轻时去外洋做生意，挣钱后回老家建了这栋宝善楼。维乾公共有五个儿子，都在外洋做生意，返乡建继善楼、世德楼、世安居、宝庆居、祖德居等建筑。

（3）仕德堂与善庆楼

仕德堂由居中的单门楼屋、堂屋和左右横屋组合而成，即单门楼单堂屋双横屋。从正中门楼进入后是天井，天井两侧为庑廊，堂屋三间，中央一间为正厅，横屋内各隔成四间房。门楼前面开敞，有半月形水池。后人依水池的半月形加建了善庆楼，一座两层的半圆形围屋。与建于明代的仕德堂有机结合，顺应山势，融为一体，工巧自然。

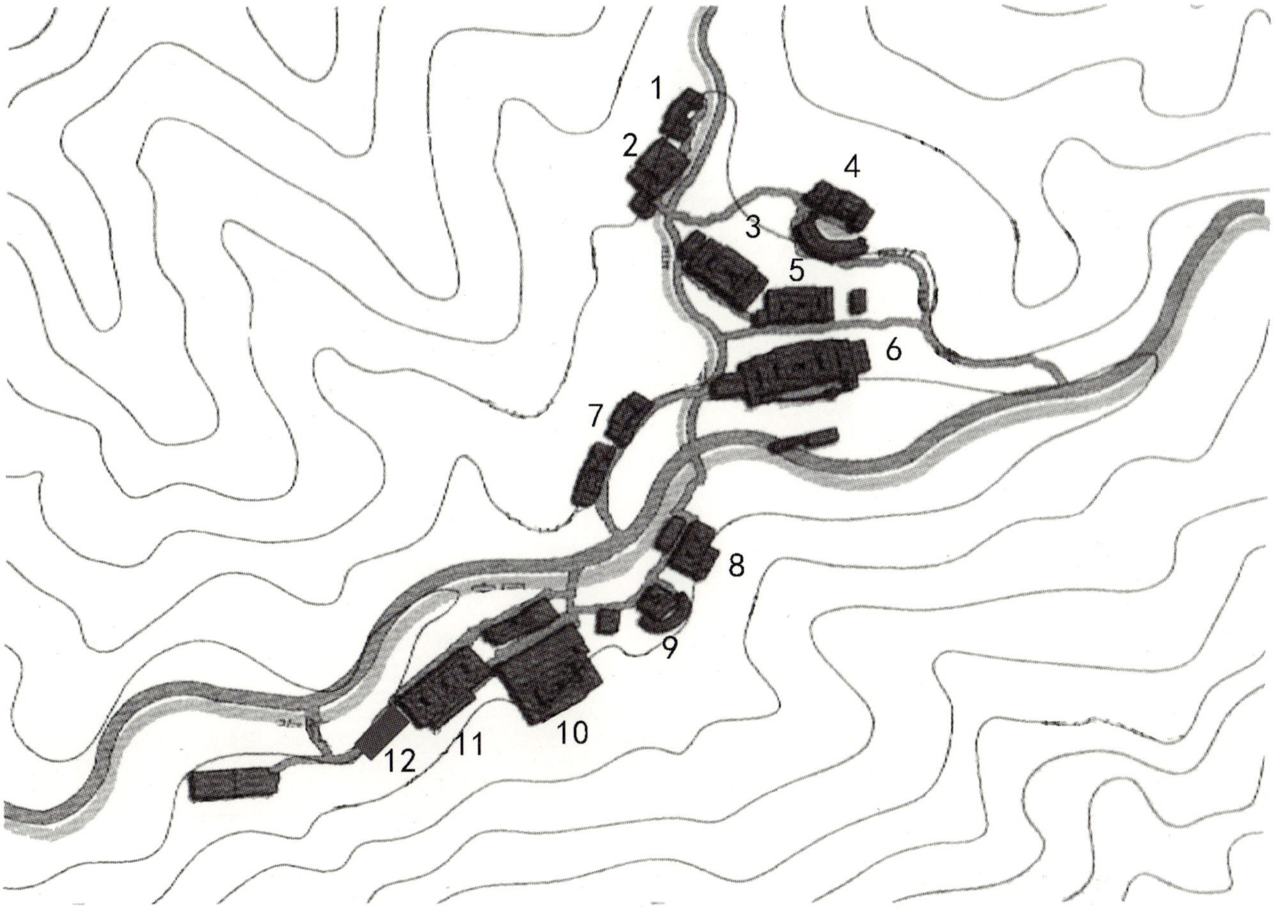

⊙桥溪村总平面图

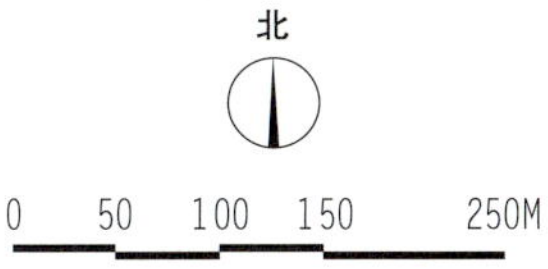

1.祖德居
2.衍庆楼
3.世安居
4.善庆楼
5.宝庆居
6.继善楼
7.守庆公祠
8.燕诒楼
9.慎安居
10.宝善楼
11.世德楼
12.慎独楼

燕诒楼

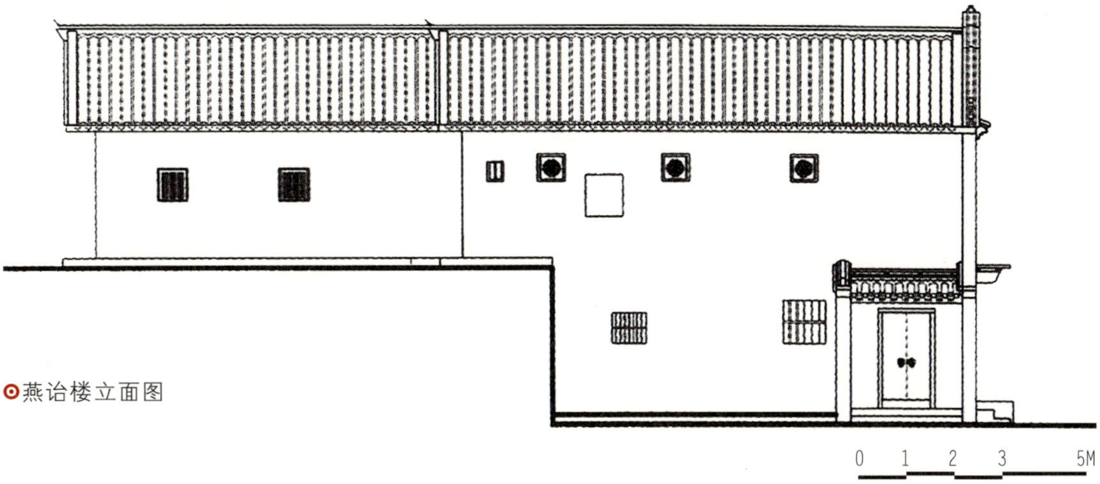

⊙燕诒楼立面图

⊙燕诒楼剖面图

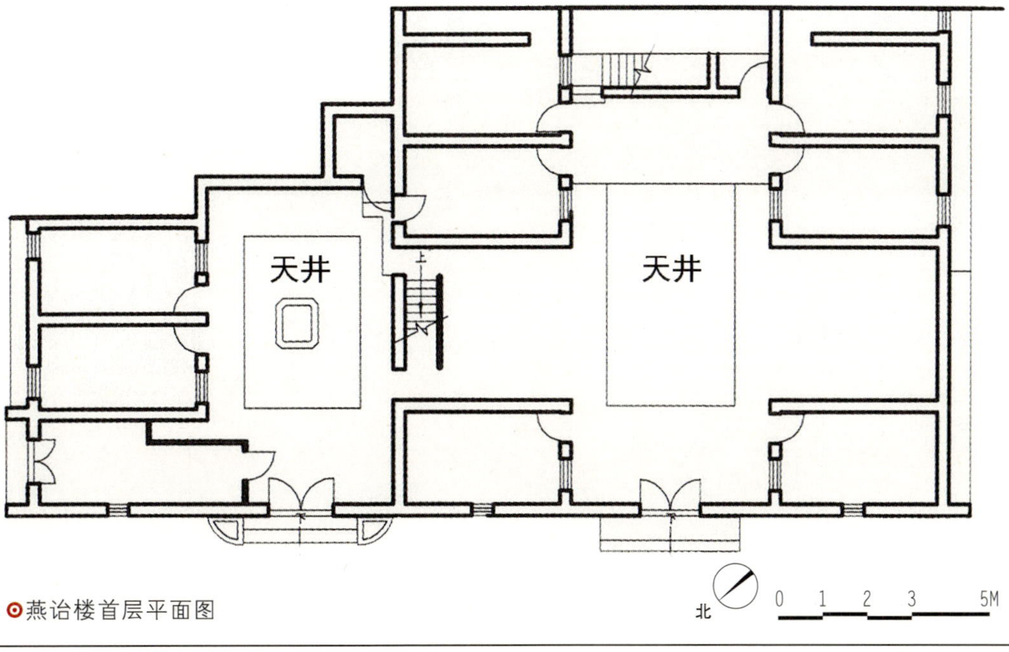

⊙燕诒楼首层平面图

衍庆楼

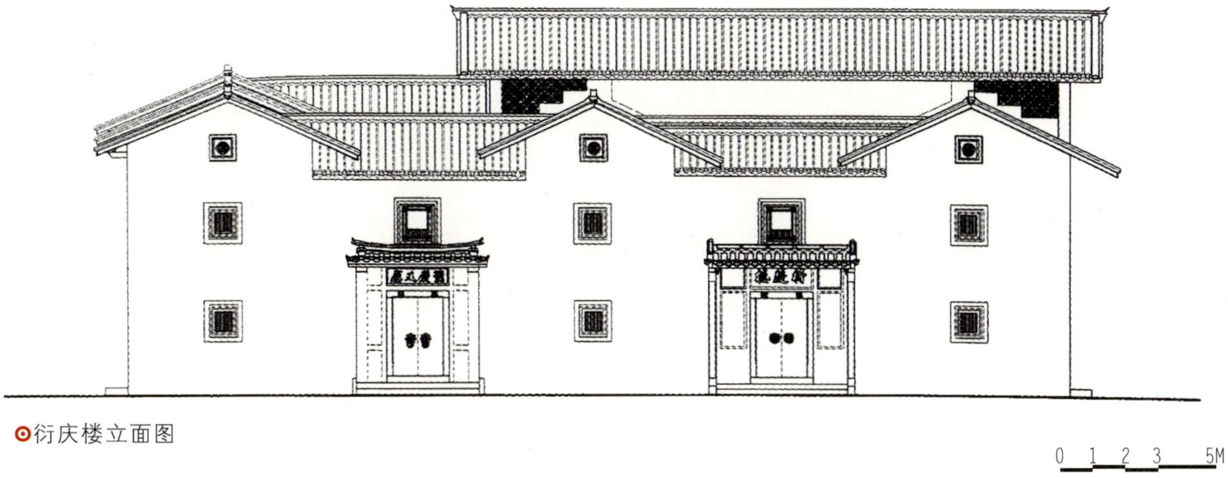

衍庆楼立面图

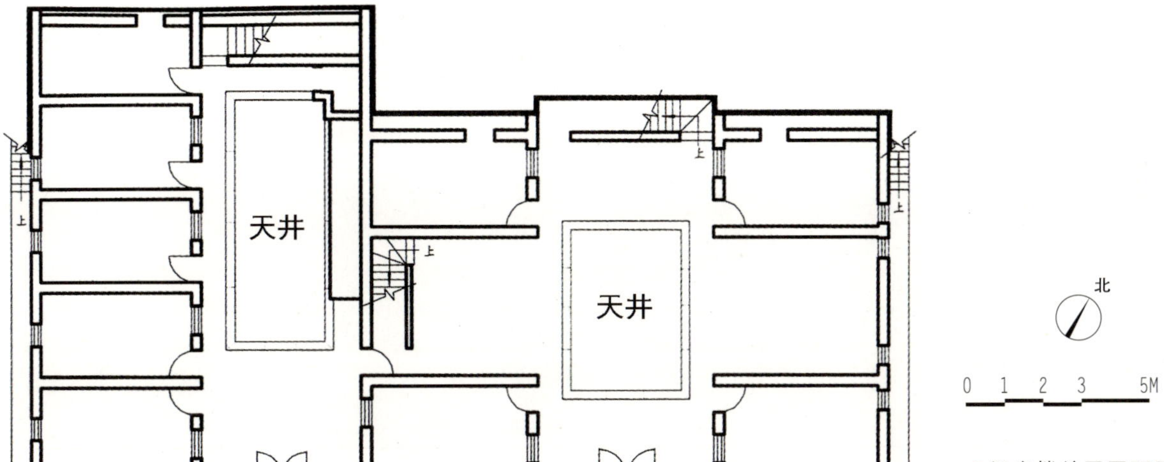

衍庆楼首层平面图

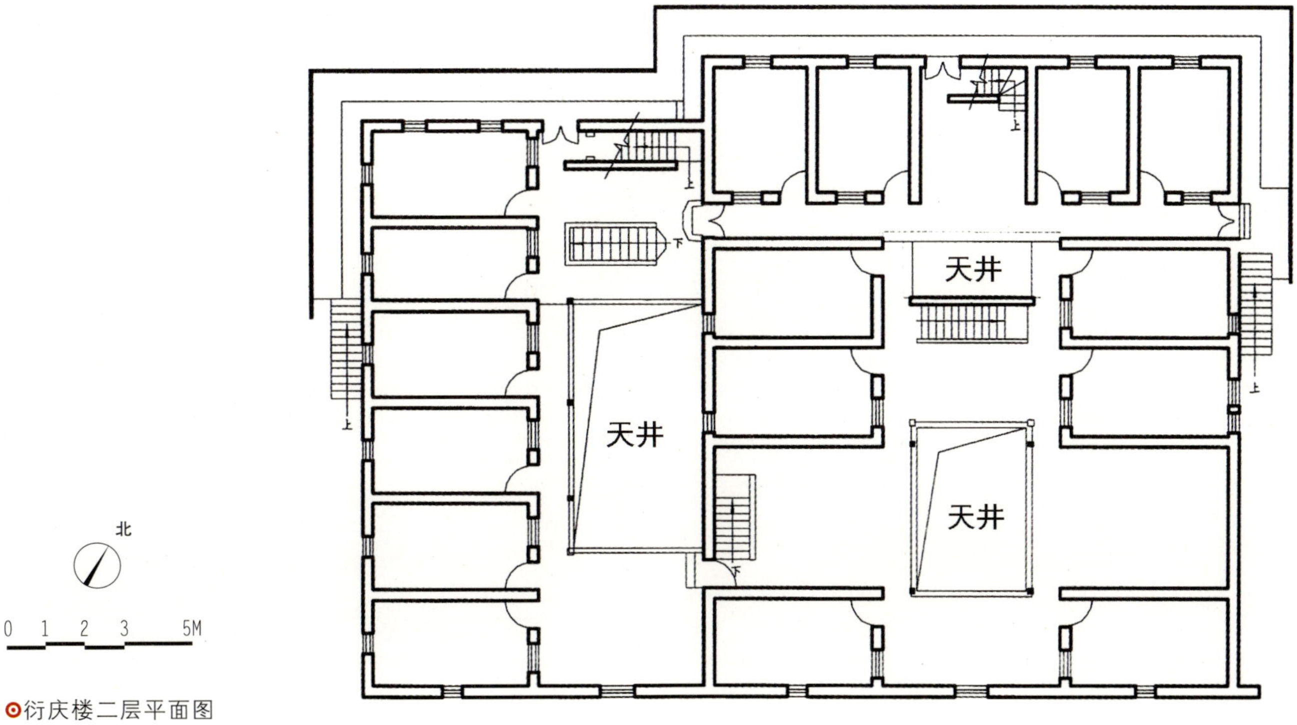

衍庆楼二层平面图

⊙世德楼

继善楼

横屋天井

善庆楼二楼堂屋

继善楼

继善楼入口远景

继善楼入口

继善楼二楼堂屋屋顶

继善楼正厅天井

宝善楼

民居

民居天井

民居天井

民居天井

⊙善庆楼

⊙民居天井

兴井村

1. 历史概况

兴井村隶属于河源市和平县林寨镇，距离和平县县城30千米。其北靠丘陵小山，南临浰江，东西分别与楼镇村、下正村相邻，面积约10万平方米，人口3000多。

据说兴井村在元朝时就有人居住。村所在的林寨是一个“因水而兴，因人而盛”的古镇，浰江自北向南穿流而过，当地人便在岸边修筑码头。明清时期，古镇码头人来人往，一年四季舟楫如林，码头东边的南北大道穿街而过，商铺客栈密集。当年浰江码头水运，给古镇带来了繁荣昌盛。利用得天独厚的自然资源和浰江的水运之便，兴井村人务农经商，加上客家人艰苦创业的传统，许多人因此富甲一方，所置田产店铺跨越和平、河源、龙川三地。

富庶之户纷纷觅地建造房屋。兴井村地处浰江古镇边缘，四周开阔平整，是山区中难寻的山峦谷地，故为建房首选。由于地势较低，常遭水浸，为避水患和匪盗之忧，雄伟坚固的四角围楼便受到村民青睐。

2. 村落形态

和平县地处粤东北九连山区，位于东江上游，此地被称为“山林深远之所，盗贼屯聚之乡”。兴井村坐落在东江支流浰江河畔，四周稻田环抱，远处为连绵不断的山峦，在蓝天白云、绿色田野空阔平旷的背景下，一座座拔地而起浑厚的白色四角围楼，更显得醒目、突出。

客家聚居地多依山而建，兴井村与其他客家聚居地有所不同，建在水田之中。村落为组团式分散布局，各居住组团大小不一，组团之间为稻田、水塘，通过道路将各组团相连。兴井村古民居建筑群为典型的客家粤北四角楼围屋，兴建于清末民初，以粘土、石灰、青砖、木材及花岗石为主要建筑材料。兴井村保存较为完好的古民居建筑24座，其中清代的20座，民国时期的4座。包括大夫第、光远第、中宪第、司马第、朝议第、谦光楼、颍川旧家、美聚东南等。

3. 建筑特色

民居围屋规模宏大，每座占地面积1000至3000平方米不等。平面呈四方形，高墙合围，楼高二至三层，粘土石灰夯筑墙体，四角都建有碉楼，错落有序，十分壮观。四角楼最有特色的地方莫过于四个角都筑有凸出的碉楼，用于防御。明清及民国时期，由于各方面原因，岭南一带的流寇较多，加上宗族械斗时有发生，为了保护族人的生命财产安全，碉楼应运而生。不仅如此，四角楼的墙壁厚约六七十厘米，外墙不设窗户，只有狭窄的枪眼和瞭望孔。这种易守难攻的围屋，为保护家族的生命财产安全发挥了重要的作用，是客家建筑的一大特点。

四角楼平面布局多为二堂二横或二堂四横式，有明显的中轴线，角楼内主体建筑厅堂为三进院落式布局，硬山搁檩砖木结构。厅堂建于中轴线上，两旁建厢房和横屋。宅居里面房屋众多，厅堂、卧室、仓库、厨房、厕所等一应俱全。在上下厅堂之间、厅堂与横屋之间，用天井与巷道作为交通网络，将围屋内的房间连接起来。角楼外墙不设窗户，采光主要依靠天井，因此围屋内部大小天井，少则几个，多则十几个。天井既用于采光，也用于通风，并且利于雨水和生活用水的排放。四角楼正门设在建筑中间。两旁还有侧门，做成凹斗式，叫“斗门”。凹斗门的朝向是由风水堪舆来决定，据说大门的朝向假如不能很好地聚集财运，就另开一个斗门，运气就会聚集。

屋内有石雕、木雕等艺术装饰，最精湛的多在公共活动场所，如大门、厅堂等。无论是石质还是木质材料，地面上的柱础还是屋顶上的翘脊，均有大量的装饰。特别是木雕，如梁架、脊枋、隔断、屏风、门罩、雀替等，使用了镂空透雕、浮雕等工艺手法，雕刻题材有麒麟、瑞兽、梅兰菊竹、花鸟虫鱼、人物故事以及艺术图案等。

（1）中宪第

中宪第由陈肇骧（号腾冀，光绪十年附贡生）于清光绪二十三年（1897）创建。四面都与田地相邻，平面呈方形，面宽48.6米，进深46.5米，共四进。坐北朝南取正南方向，四角建有碉楼。

主体建筑二层，硬山顶，碉楼三层，歇山顶，石灰夯筑墙体，棱角牙砖叠涩出檐，外墙不设窗户，一、二层只设40厘米×10厘米枪眼，三层设35厘米×35厘米小窗孔，平面布局为三堂二横一倒屋形。主体建筑三进，依中轴线布置依次为下厅、中厅、上厅，两侧有厢房和横屋，厅与厅之间有廊庑连接，整幢屋内用九个天井分隔，三条横巷连通地面，皆铺大方砖。门厅用木格扇间隔，裙板浮雕鹿、鸟、牡丹图案，书“美在其中”四个楷字，木作面层涂有金漆装饰。中厅廊庑用圆木柱承檩，青石花篮形柱础，月梁、封檐均有麒麟花草图案浮雕。中厅亦用木格扇间隔，格扇上用浮雕镂雕手法雕刻狮子、鹿、花鸟图案，层次繁复，手法精致，上书“业广惟勤”四楷字。

主体建筑厅堂门厅外与角楼外围之间设一大天井，长33.5米，宽5.4米，天井地面用河卵石铺成金钱状，东侧有圆形红砂岩水井。天井南侧的外围是一排双层楼屋，两端建三层碉楼，与主体建筑合成完整的方围屋。当中正门为凹斗式门楼，高达10米，圆形木檐柱，花篮形青石柱础，月梁有浮雕鱼龙、水草纹饰，雀替为花卉形的透雕。平日开启的入口大门在天井西侧，南向偏西45度，与主体建筑不在同一方向，大门青石门框，门额上刻“中宪第”三楷字。

（2）谦光楼

谦光楼由陈步衢（字云亭，桂军将领）创建于民国6年（1917），占地面积约2700平方米。谦光楼整栋共有10厅11井，房间258间，水井、粮仓、厨房俱全，可容纳几百人居住，充分体现客家围屋的聚族而居、防御性强的特性。

谦光楼平面呈长方形，四角建有碉楼，一进为三层走马楼仿西式楼房，二、三、四进为三堂四横式格局，依中轴线依次为正门、下厅、中厅、上厅，联系两厅之间有廊庑，旁侧有厢房。

堂屋两侧各有两排横屋，在堂屋与横屋、横屋与横屋之间有 3 条巷和 11 个天井，整栋围屋的房间通过敞厅、天井和巷道联系，不出大门即可相互走通。围屋内处处可见精美雕刻，屋内木作月梁、插斗、瓜柱、驼墩、雀替、格扇、屏风上，均有神仙人物、飞鸟走兽、花卉植物等图案的雕刻。屏风和格扇上分别书有“是亦为政”“克和阙中”“东辉太乙”“西焕长庚”“燕翼诒谋”“兰桂腾芳”等有关为人处世内涵的寄语。

四角楼正门与下厅之间最大的天井一侧有一口青石大水井，圆形井口由3块完整的弧形石板砌成，井台地面则由20多块扇形石板铺砌，形成一个圆环围向圆井，古朴典雅。

（3）颍川旧家

颍川旧家由陈履中（字正卿，民国9年任和平县知事）于民国18年（1929）创建。建筑大门正中阳刻“颍川旧家”四个楷字，落款是庚午年（1930）。建筑平面呈正方形，高三层，砖木结构，平面布局为四进的堂横屋。正中依次为大门、门厅、中厅和上厅。横屋为三层走马楼式楼房，楼前有长25米、宽3米的天井用于通风和采光，屋内石木构件均大量运用镂雕和浮雕工艺手法雕刻着草木、花卉、松鹿、麒麟、锦鸡、宝瓶、人物故事等图案，皆繁复精致，技艺精湛，其表面的金漆，至今仍金碧辉煌。

中厅石柱上镌刻着著名书法家吴道镕撰写的对联：“凤吉兆当年被先世余光永卜其昌仁里别开新境界，熊祥占奕异勉后昆济美共歌式好义门丕显大规模。”厅中屏风、格扇上都题有各款文字，如“公忠报国”“勤俭持家”“孝友传家”“惟怀永图”等自勉词语。由于建筑年代稍后，颍川旧家有别于其他角楼围屋，防御性已减弱，设计上更注重美观实用，外面一排三个门，在横屋可直接从侧门出入，不必绕道正门。水井也建在门外禾坪中，减少了屋内潮湿程度。横屋建成走马楼式，便于居住和使用。

天井

中宪第

中宪第

⊙门楼

⊙中宪第门楣

劳作

颍川旧家

大夫第

大夫第

⊙大夫第

四角楼

四角楼

四角楼

⊙谦光楼屏门

⊙谦光楼走马楼

⊙谦光楼

上岳村

1. 历史概况

上岳村处于清远市佛冈县龙山镇民安墟之北，岳山脚下，北距县城20多千米。上岳村是因岳山而得名的，在清远北江河飞来峡东10千米处有座岳山，岳山之水自东北向西南流入江河的支流潖江河，岳山溪水上游为上岳，下游为下岳。

上岳村古民居建筑群始建于南宋，盛于明清，距今已超过720年的历史。上岳村的历史可以追溯到南宋末年，村落聚居着朱姓宗族。这个家族在南宋末年跟随宋恭帝南逃，兵乱之中选择了这个宁静偏僻的地方安居。据《广东通志》和《清远县志》记载，南宋祥兴年间（1278—1279），朱氏宗族的祖先，时任大理寺评事府君的朱文焕，护送皇帝南下，在北江抗击元兵，孤军固守在清远、英德交界的旧横石，不幸殉国。朱文焕之子落户于上岳村，是为上岳朱氏的起源。

上岳村至今还保留着祭井文化习俗。村里的三口古井已有上百年的历史，井水至今源源不竭，清爽甘甜，这完全取决于古井上窄下宽的特殊结构，使井水在南方炙热的气候下不易迅速蒸发，又可保持井水的温度。每逢节气祭拜之日，上岳村的村民们都要到井边拜祭井神。为了祭祀方便，村民还在井旁设立神龛，这种祭井文化在全国也十分罕见。

2. 村落形态

上岳村古民居建筑群位于上岳村委会横围片村，占地面积约45000平方米。

明末清初是上岳村发展的重要阶段，逐渐形成以宗祠为中心，居住组群分设在宗祠左右两边，形成街道串接里巷院落的格局。在村落中心地带还衍生出商铺、当铺、支祠等不同功能的建筑。根据族谱记载，古时候上岳村整个古民居建筑主要由18“里”组成，五家为一“邻”，五邻为一“里”。里坊单位共有34个，共有37幢108座古民居，每座占地120平方米，共13000多平方米。另有部分不连在一起，也有2000多平方米。

整个村庄依山而建，环水而设，村落外围通过建筑及墙体围闭，四面分别建有东楼、西楼、南楼、北楼。全村共18个门楼，分为18“里”，18口鱼塘分布在村中各“里”。

上岳村古民居建筑群风格属于明清岭南广府派系，建筑群布局清晰、严谨，错落有致，气势恢弘，保存完好，蕴藏着深厚的建筑文化，具有鲜明的岭南建筑特征，是规模较大、保存较完好的古村落之一。

3. 建筑特色

（1）朴山朱公祠

朴山朱公祠是古村内最古老的宗族祠堂，建于清乾隆四十六年（1781），重修于光绪九年（1883），内部保存完好。朱公祠为二进三开间布局，砖木结构，外观青砖砌筑，镬耳山墙，屋顶采用博古脊，脊梁上有两陶塑鳌鱼。头门通面宽三间12米，其明间面宽4.42米，左右梢间各为3.79米。头门与后堂由天井及东西连廊相接，连廊面宽三间8.08米。后堂三间进深约7.7米，室内中间有四根柱子。朴山朱公祠堂前有一对石锁，分别有200多斤和300多斤重，是专供族人习武的用品。

（2）上、中、下归仁里

上归仁里、中归仁里、下归仁里是保存最为完好的古建筑群。一个“里”有一个门楼，门楼的门匾，首个是正常书写的“归”，第二、第三个“归”字分别少了一横、一撇。三个归仁里约建于乾隆年间（1736—1795），由于建造时间不一，古人想出这个办法来区分。上归仁里、中归仁里、下归仁里相连在一起，每个单元有四座小单元，每个小单元有四房一厅（四门归厅）、两间厨房、三个天井（俗称“五龙过阶”），整个里巷建筑群序列清晰，井井有条。各里巷之外以稳固森严的围墙连成一体，围墙上没有窗户，只有枪眼、观察孔稀疏点缀其间，成为古村重要的防御屏障。同时各“里”又以独立的门楼区分，相互之间互不干预，自成一体。

（3）民居

古民居大部分为明清建筑，主要分布在村里的横围片和上岳片。其中横围片的明清建筑保存情况较好，为数不多的民国时期建筑也大多分布在横围片。上岳村每一个“里”都有自己的门楼，古门楼的建筑风格大都一致，硬山顶式的屋脊，高大的趟栊门，门的上方开有两个狭长呈长方形的枪眼，有的门楼在中间门额位置书写“里”的名称，一般绘有精美的壁画，或题写古诗，从题款中可以知晓建设的年代。民居建筑平面以典型的三间两廊形式为主，中轴对称，主次有序，层次分明。上岳朱氏是官宦之家，在建房时讲究气派。上岳村民居多为镬耳山墙建筑，山墙、屋檐墙边有各种图案装饰。远望数十个镬耳式防火山墙和其他硬山顶整齐排列，高低错落，相当壮观。每幢民居均为青砖黛瓦，雕梁画栋，其灰塑彩绘、浮雕木刻随处可见，各具特色。

（4）泗美楼

下归仁里的泗美楼，亦称“银庄”，是村里最坚固的碉楼式建筑。外墙厚实，有近一米。大门是与门廊齐高的铁栅，抵御战乱或盗匪。堂屋的木梯子上至二楼，墙上正面侧面各两个方孔，通过方孔能环视全村，为观察敌情的瞭望口及防御外袭的射击口，同时又能通风透气。在抗日战争期间，村民们担心银庄楼层过高而成为日军轰炸的目标，便把顶层拆掉了，原本的三层如今只剩两层。

神龛

劳作

归仁里建筑群

村落民居

门楼

民居横向巷道

民居纵向巷道

朴山朱公祠

朴山朱公祠梁架

朴山朱公祠天井

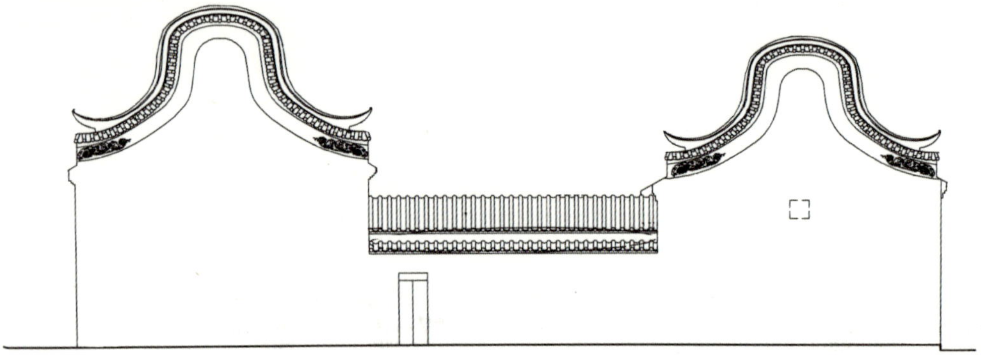

⊙朴山朱公祠侧立面图

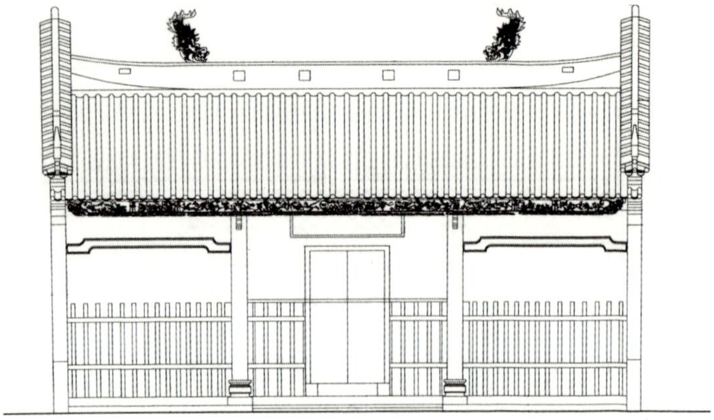

⊙朴山朱公祠立面图

0 1 2 3 5M

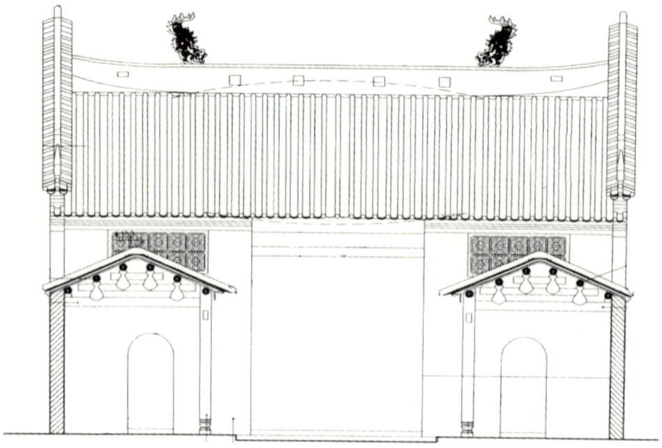

⊙朴山朱公祠剖面图

0 1 2 3 5M

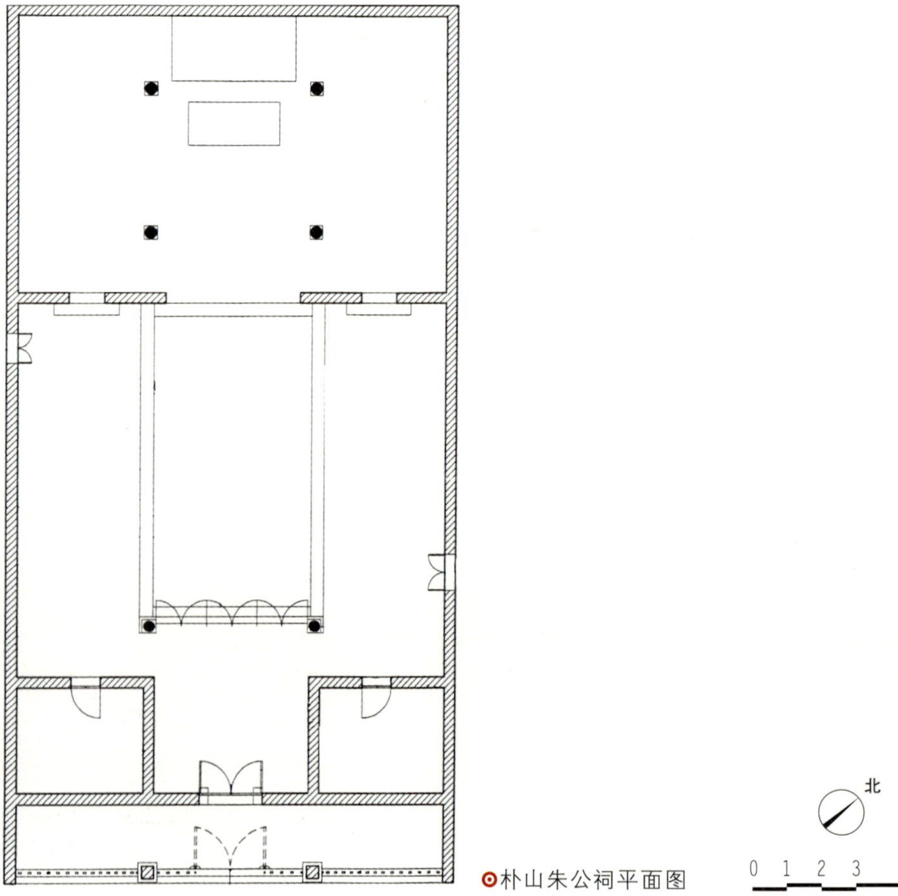

⊙朴山朱公祠平面图

0 1 2 3 5M

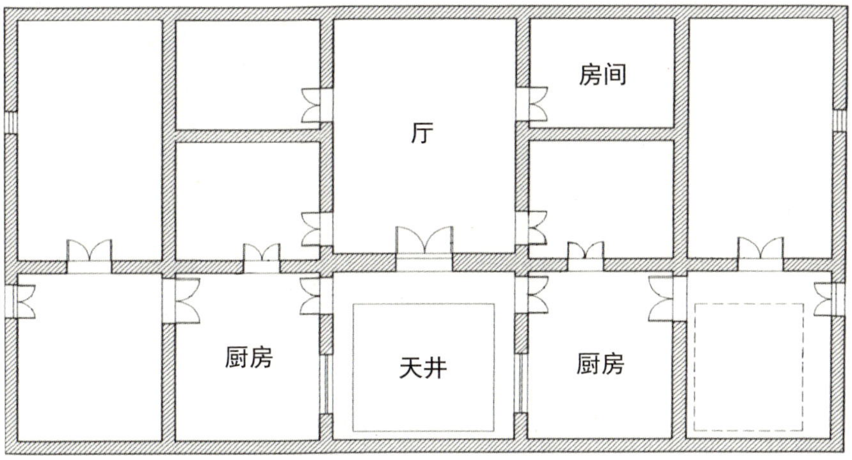

⊙ “五龙过阶” 民居平面

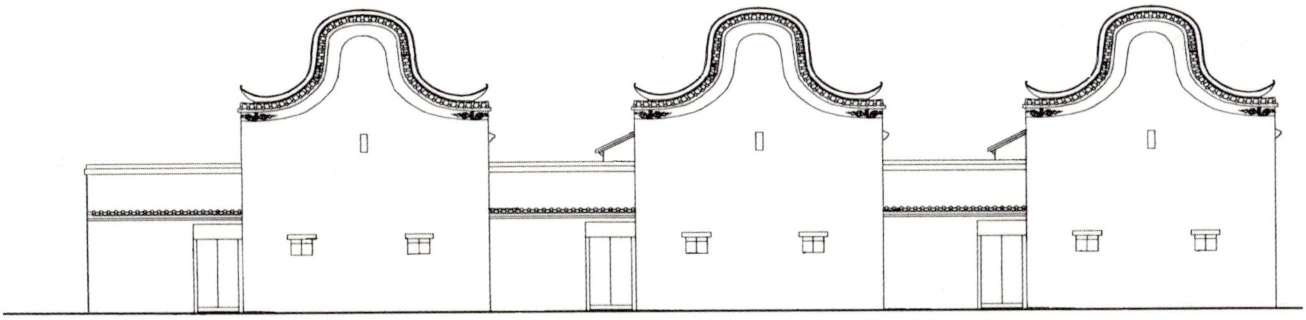
⊙ “三间两廊” 民居侧立面

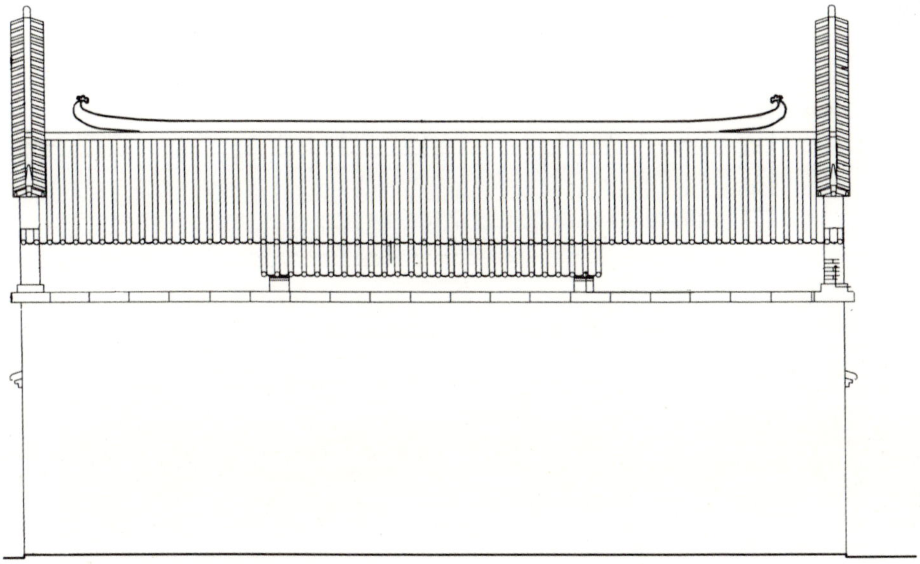
⊙ “三间两廊” 民居正立面

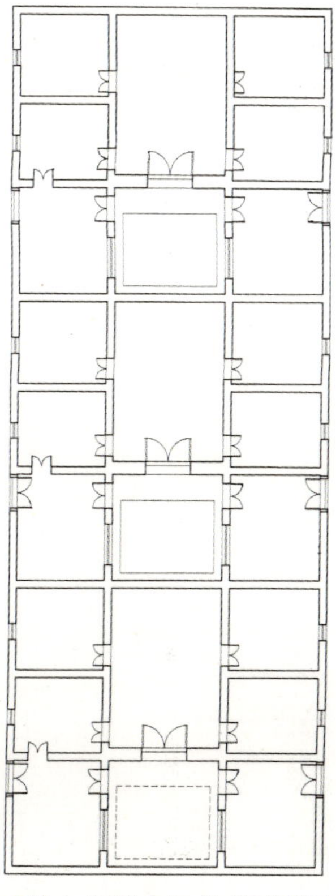
⊙纵向串联布局的 “三间两廊” 民居平面图

民居与巷道

后峰朱公祠

水井

归仁里与碉楼

歸仁里

镬耳式山墙

镬耳山墙高低错落，蔚为壮观

主要参考文献

1. 袁咏锡编．连州志：卷八：瑶排志[M]．1862-1874（清同治年间）.

2. 蒋祖缘，方志钦．简明广东史[M]．广州：广东人民出版社，1993.

3. 陈忠烈．“众人太公”和“私伙太公”——从珠江三角洲的文化设施看祠堂的演变[J]．广东社会科学，2000，1：70-76.

4. 陈际清．白云粤秀二山合志[M]．1849（清道光二十九年）.

5. 陆琦．中国民居建筑丛书:广东民居[M]．北京：中国建筑工业出版社，2008.

6. 本书编写组．走进古村落：珠三角卷[M]．广州：华南理工大学出版社，2011.

7. 本书编写组．走进古村落：粤西卷[M]．广州：华南理工大学出版社，2011.

8. 本书编写组．走进古村落：粤东卷[M]．广州：华南理工大学出版社，2011.

9. 本书编写组．走进古村落：粤北卷[M]．广州：华南理工大学出版社，2011.

10. 陈志华，李秋香．梅县三村[M]．北京：清华大学出版社，2007.

11. 肖旻，林垚广．桥溪——华南乡土建筑研究报告[M]．南京：南京大学出版社，2011.

12. 罗杨．中国名村：广东前美村[M]．北京：知识产权出版社，2012.

附录

广东省历史文化名村（镇）、传统村落名单

序号	名称	地　点	文保级别
1	大岭村	广州市番禺区石楼镇	🔴🟡🟢
2	沙湾北村	广州市番禺区沙湾镇	🔴
3	西村	广州市番禺区沙湾镇	🟣
4	沙湾紫坭村	广州市番禺区沙湾镇	🟣
5	沙湾三善村	广州市番禺区沙湾镇	🟣
6	车陂街、安宁西街	广州市番禺区沙湾镇	🟢
7	潭山村	广州市番禺区华龙镇	🟣🟤
8	聚龙村	广州市荔湾区冲口街道	🔴🟢
9	塱头村	广州市花都区炭步镇	🔴🟡🟤🟢⚪
10	茶塘村	广州市花都区炭步镇	🟢⚪
11	藏书院村	广州市花都区炭步镇	🟢
12	港头村	广州市花都区花东镇	🔴🟣🟢
13	高溪村（田心庄）	广州市花都区花东镇	🟣🟤🟢
14	新华村	广州市花都区新华街	🟣
15	三华村	广州市花都区新华街	🟢
16	缠岗村	广州市花都区赤坭镇	🟣🟢
17	蓝田村	广州市花都区赤坭镇	🟢
18	马溪村	广州市花都区秀全街道	🟢
19	洛场村	广州市花都区花山镇	🟢
20	莲塘村	广州市萝岗区九龙镇	🔴🟤🟢
21	珠村	广州市天河区珠吉街	🟣🟤
22	深井村	广州市黄埔区长洲街道	🟣
23	黄埔村	广州市海珠区琶洲街道	🔴🟢
24	小洲村	广州市海珠区华洲街道	🔴🟢
25	新围村	广州市增城区正果镇	🔴
26	瓜岭村	广州市增城区新塘镇	🔴🟣
27	东境村	广州市增城区小楼镇	🟢
28	钟楼村	广州市从化区太平镇	🔴
29	钱岗村	广州市从化区太平镇	🔴🟣🟢
30	莲溪村	广州市南沙区黄阁镇	🟣

序号	名称	地点	文保级别
31	塘坑村	广州市南沙区南沙街道	●●
32	江边村	东莞市企石镇	●●●
33	南社村	东莞市茶山镇	●●●●●
34	超朗村（牛过蓢村）	东莞市茶山镇	●●●
35	塘尾村	东莞市石排镇	●●●●●
36	邓屋村	东莞市桥头镇	●
37	迳联村	东莞市桥头镇	●
38	西溪村	东莞市寮步镇	●●
39	龙背岭村	东莞市塘厦镇	●●●
40	白沙村	东莞市虎门镇	●
41	下坝坊	东莞市万江区	●●
42	新基村	东莞市麻涌镇	●●
43	潢涌村	东莞市中堂镇	●●
44	黄洞村	东莞市凤岗镇	●●●
45	清厦村	东莞市清溪镇	●
46	大旗头村	佛山市三水区乐平镇	●●●
47	岗头村	佛山市三水区白坭镇	●
48	长岐村	佛山市三水区芦苞镇	●●
49	梅花村	佛山市三水区大塘镇	●
50	碧江村	佛山市顺德区北滘镇	●●
51	沙滘村	佛山市顺德区乐从镇	●
52	逢简村	佛山市顺德区杏坛镇	●
53	马东村	佛山市顺德区杏坛镇	●
54	松塘村	佛山市南海区西樵镇	●●●●
55	简村	佛山市南海区西樵镇	●●
56	百西村头村	佛山市南海区西樵镇	●●
57	烟南烟桥村	佛山市南海区九江镇	●●●●
58	仙岗村	佛山市南海区丹灶镇	●●
59	南沙新村（棋盘村）	佛山市南海区丹灶镇	●●
60	和平村	佛山市南海区丹灶镇	●
61	璜溪村	佛山市南海区大沥镇	●●●
62	汤南村	佛山市南海区里水镇	●●
63	孔西村	佛山市南海区里水镇	●●
64	赤山村	佛山市南海区里水镇	●
65	茶基村	佛山市南海区桂城街道	●●
66	江头村	佛山市南海区桂城街道	●
67	罗格孔家村	佛山市禅城区南庄镇	●
68	深水村	佛山市高明区明城镇	●
69	鹏城村	深圳市龙岗区大鹏镇	●●●
70	自力村	江门市开平市塘口镇	●●●
71	马降龙村	江门市开平市百合镇	●●●
72	三门里村	江门市开平市赤坎镇	●
73	歇马村	江门市恩平市圣堂镇	●●●●
74	良溪村	江门市蓬江区棠下镇	●●●●●
75	浮石村	江门市台山市斗山镇	●●●●
76	浮月村	江门市台山市斗山镇	●●
77	东宁村	江门市台山市端芬镇	●
78	田心村	江门市鹤山市鹤城镇	●
79	上升村	江门市鹤山市古劳镇	●
80	天马村	江门市新会区会城街道	●
81	霞路村	江门市新会区古井镇	●
82	翠亨村	中山市南朗镇	●●●
83	左步村	中山市南朗镇	●●
84	南塘村	中山市南朗镇	●

序号	名称	地　点	文保级别
85	古鹤村	中山市三乡镇	●●●
86	安堂村	中山市大涌镇	●
87	鳌山村	中山市黄圃镇	●●
88	龙瑞村	中山市沙溪镇	●
89	长洲村	中山市西区	●
90	南岗古排村	清远市连南县三排镇	●●●●●●
91	油岭村	清远市连南县三排镇	●●●
92	三排村	清远市连南县三排镇	●
93	大掌村	清远市连南县大坪镇	●
94	石泉村	清远市连南县三江镇	●
95	凤塱村	清远市清新区龙颈镇	●●●
96	城堌村（中宿居）	清远市清新区龙颈镇	●
97	上岳村	清远市佛冈县龙山镇	●●●●●
98	社岗下村	清远市佛冈县高岗镇	●●●
99	汤塘村	清远市佛冈县汤塘镇	●●
100	土仓下村	清远市佛冈县迳头镇	●
101	八宅围	清远市佛冈县迳头镇	●
102	冲口村	清远市连州市西岸镇	●●
103	马带村	清远市连州市西岸镇	●●
104	石兰寨	清远市连州市西岸镇	●●●
105	东村	清远市连州市西岸镇	●
106	沙坊村	清远市连州市连州镇	●●
107	沙坪村	清远市连州市连州镇	●
108	元壁村	清远市连州市龙坪镇	●●
109	卿罡村	清远市连州市保安镇	●●●
110	楼村	清远市连州市大路边镇	●
111	大路边村	清远市连州市大路边镇	●
112	凤头村	清远市连州市大路边镇	●
113	东村岗村	清远市连州市大路边镇	●
114	黎水村	清远市连州市大路边镇	●
115	白家城村	清远市连州市东陂镇	●●●
116	塘头坪村	清远市连州市东陂镇	●
117	丰阳村	清远市连州市丰阳镇	●●●
118	畔水村	清远市连州市丰阳镇	●
119	朱岗村	清远市连州市丰阳镇	●
120	邓屋村	清远市连州市西江镇	●
121	企江村	清远市连州市西江镇	●
122	南坪村	清远市连州市西江镇	●
123	峰园村	清远市连州市星子镇	●
124	黄村	清远市连州市星子镇	●
125	大元村	清远市连州市星子镇	●
126	马渡坪村	清远市连州市星子镇	●
127	莫屋村	清远市阳山县七拱镇	●
128	下寮村	清远市英德市英城街道	●
129	江古山村	清远市英德市横石水镇	●
130	下寨村	清远市英德市西牛镇	●
131	金子顶村	清远市英德市西牛镇	●
132	石桥塘村	清远市英德市青塘镇	●
133	古寨村	清远市英德市黄花镇	●
134	井岭村	清远市清城区龙塘镇	●
135	牛岗地村	清远市清城区龙塘镇	●
136	旧岭村	清远市清城区飞来峡镇	●
137	前美村	汕头市澄海区隆都镇	●●●●
138	龙美村	汕头市澄海区隆都镇	●●

序号	名称	地　点	文保级别	序号	名称	地　点	文保级别
139	程洋冈村	汕头市澄海区莲下镇	●●●	166	廖屋村	韶关市始兴县罗坝镇	●
140	樟林村	汕头市澄海区东里镇	●	167	黄塘村	韶关市始兴县马市镇	●
141	隆城乡（村）	汕头市澄海区莲华镇	●	168	大安坪村	韶关市始兴县马市镇	●
142	南砂乡（村）	汕头市澄海区溪南镇	●	169	石下村	韶关市始兴县沈所镇	●
143	南阳村	汕头市潮阳区贵屿镇	●	170	东湖坪村	韶关市始兴县太平镇	●●●
144	下底村	汕头市潮阳区关埠镇	●	171	满堂围	韶关市始兴县楹子镇	●●
145	东仙村	汕头市潮南区陇田镇	●	172	曹角湾村	韶关市曲江区小坑镇	●●●
146	鮀东村	汕头市金平区鮀江街道	●	173	应山村	韶关市曲江区黄圃镇	●
147	蓬洲村	汕头市金平区鮀江街道	●	174	大村	韶关市曲江区白土镇	●
148	沟南村	汕头市金平区月浦街道	●	175	南塘村（湖心坝村）	韶关市翁源县江尾镇	●●●●
149	凤岗村	汕头市濠江区马滘街道	●	176	陈屋村	韶关市翁源县江尾镇	●
150	石塘村	韶关市仁化县石塘镇	●●●●	177	八卦围	韶关市翁源县江尾镇	●
151	古夏村	韶关市仁化县扶溪镇	●●	178	楼子村	韶关市翁源县官渡镇	●
152	恩村	韶关市仁化县城口镇	●●	179	户昌山村	韶关市乐昌市庆云镇	●●●
153	夏富村	韶关市仁化县丹霞街道	●●	180	茶山村	梅州市梅县区水车镇	●●●●
154	张屋村	韶关市仁化县周田镇	●	181	侨乡村	梅州市梅县区南口镇	●●●
155	大围村	韶关市仁化县周田镇	●	182	谢响塘村	梅州市梅县区南口镇	●●
156	风度村	韶关市仁化县周田镇	●	183	桃源村	梅州市梅县区桃尧镇	●●
157	南庄村	韶关市仁化县黄坑镇	●	184	桥溪村	梅州市梅县区雁洋镇	●●●
158	新田村	韶关市南雄市乌迳镇	●●●	185	石楼村	梅州市梅县区雁洋镇	●●
159	鱼鲜村	韶关市南雄市南亩镇	●	186	松坪村	梅州市梅县区雁洋镇	●●
160	蒻过村	韶关市南雄市水口镇	●	187	雁下村	梅州市梅县区雁洋镇	●●
161	溪塘村	韶关市南雄市黄坑镇	●	188	铜琶村	梅州市梅县区松口镇	●●
162	黄屋城村	韶关市南雄市百顺镇	●	189	大黄村	梅州市梅县区松口镇	●●
163	上朔村	韶关市南雄市油山镇	●	190	梅教村	梅州市梅县区松口镇	●●
164	白围村	韶关市始兴县罗坝镇	●	191	南下村	梅州市梅县区松口镇	●●●
165	长围村	韶关市始兴县罗坝镇	●●●	192	小黄村	梅州市梅县区松口镇	●●

序号	名称	地点	文保级别
193	圳头村	梅州市梅县区松口镇	●(红)
194	石溪村	梅州市梅县区白渡镇	●(红)
195	横江村	梅州市梅县区松源镇	●(红)
196	金星村	梅州市梅县区松源镇	●(绿)
197	下村村	梅州市梅县区梅南镇	●(绿)
198	仙花村	梅州市梅江区西阳镇	●(绿)
199	万山村	梅州市梅江区西阳镇	●(绿)
200	玉水村	梅州市梅江区城北镇	●(红)●(绿)
201	泮坑村（福禄炭）	梅州市梅江区三角镇	●(绿)●(浅)
202	红杏坊	梅州市梅江区西郊街道	●(绿)
203	东郊村	梅州市梅江区金山街道	●(绿)
204	石寨村	梅州市蕉岭县南礤镇	●(红)●(黄)●(褐)●(绿)
205	南礤村	梅州市蕉岭县南礤镇	●(红)
206	逢甲村	梅州市蕉岭县文福镇	●(紫)
207	芳心村	梅州市蕉岭县三圳镇	●(紫)●(褐)
208	大地村	梅州市蕉岭县蓝坊镇	●(红)
209	高思村	梅州市蕉岭县蓝坊镇	●(红)●(绿)
210	乐干村九栋	梅州市蕉岭县广福镇	●(绿)
211	刁田村	梅州市兴宁市石马镇	●(红)●(褐)
212	柿子坪村（善述围）	梅州市兴宁市罗岗镇	●(红)●(绿)
213	河西村	梅州市兴宁市叶塘镇	●(红)●(绿)
214	上长岭村（侧桥村）	梅州市兴宁市新陂镇	●(红)●(绿)
215	周兴村	梅州市兴宁市刁坊镇	●(红)
216	星耀村	梅州市兴宁市径南镇	●(红)●(紫)
217	鸡公侨村	梅州市兴宁市龙田镇	●(红)●(紫)
218	龙盘村	梅州市兴宁市龙田镇	●(红)●(紫)
219	汤一村进士第	梅州市兴宁市坭陂镇	●(紫)

序号	名称	地点	文保级别
220	凤凰村	梅州市五华县岐岭镇	●(红)●(紫)
221	夏阜村（西门寨）	梅州市五华县横陂镇	●(红)●(紫)●(绿)
222	老楼村	梅州市五华县横陂镇	●(紫)
223	下门寨	梅州市五华县双华镇	●(绿)
224	大布村	梅州市五华县水寨镇	●(紫)
225	上坝村	梅州市五华县水寨镇	●(紫)
226	花旗村	梅州市五华县长布镇	●(紫)
227	黄埔村	梅州市五华县华城镇	●(紫)
228	城镇村	梅州市五华县华城镇	●(紫)
229	塔岗村	梅州市五华县华城镇	●(紫)
230	寨顶巷村	梅州市五华县河东镇	●(紫)●(绿)
231	璜溪村（邹家围）	梅州市丰顺县丰良镇	●(红)●(绿)
232	埔北村	梅州市丰顺县埔寨镇	●(红)
233	埔南村	梅州市丰顺县埔寨镇	●(红)
234	浦西村	梅州市丰顺县埔寨镇	●(紫)
235	塔下村	梅州市丰顺县埔寨镇	●(紫)
236	新楼村（种王上围）	梅州市丰顺县汤南镇	●(红)●(紫)●(绿)●(浅)
237	龙上古寨	梅州市丰顺县汤南镇	●(红)●(紫)
238	建桥村（建桥围）	梅州市丰顺县建桥镇	●(红)●(绿)
239	清溪村	梅州市丰顺县黄金镇	●(红)
240	车龙村	梅州市大埔县西河镇	●(红)●(褐)●(绿)
241	北塘村	梅州市大埔县西河镇	●(红)●(紫)●(绿)
242	汇城村	梅州市大埔县三河镇	●(红)●(绿)
243	梓里村	梅州市大埔县三河镇	●(绿)
244	昆仑村	梅州市大埔县银江镇	●(绿)
245	侯南村	梅州市大埔县百侯镇	●(红)●(绿)
246	南山村	梅州市大埔县百侯镇	●(紫)

序号	名称	地点	文保级别
247	古城村	梅州市大埔县湖寮镇	●
248	龙岗村	梅州市大埔县湖寮镇	●
249	双坑村	梅州市大埔县湖寮镇	●
250	莒村村	梅州市大埔县湖寮镇	●
251	银滩村	梅州市大埔县高陂镇	●●●
252	党溪村	梅州市大埔县高陂镇	●
253	坪山村	梅州市大埔县大东镇	●
254	联丰村	梅州市大埔县大东镇	●
255	群丰村	梅州市大埔县茶阳镇	●
256	茅坪村	梅州市大埔县茶阳镇	●
257	坎下村	梅州市大埔县枫朗镇	●
258	坑尾村	梅州市大埔县大麻镇	●
259	凉庭村（丰泰堂）	梅州市平远县东石镇	●●
260	畲脑村	梅州市平远县上举镇	●
261	南台村	梅州市平远县石正镇	●
262	梅畲村	梅州市平远县泗水镇	●
263	差干村	梅州市平远县差干镇	●
264	仁居村	梅州市平远县仁居镇	●
265	邦塘村	湛江市雷州市白沙镇	●●
266	东岭村	湛江市雷州市白沙镇	●
267	和家村	湛江市雷州市白沙镇	●
268	潮溪村	湛江市雷州市龙门镇	●●●
269	横山村	湛江市雷州市龙门镇	●
270	东林村	湛江市雷州市南兴镇	●●●
271	关新村	湛江市雷州市南兴镇	●
272	新村	湛江市雷州市南兴镇	●
273	周家村	湛江市雷州市纪家镇	●
274	调铭村	湛江市雷州市调风镇	●
275	禄切村	湛江市雷州市调风镇	●
276	青桐村	湛江市雷州市英利镇	●
277	昌竹园村	湛江市雷州市英利镇	●
278	北劳村	湛江市雷州市杨家镇	●●
279	洋上村	湛江市雷州市杨家镇	●
280	韶山村	湛江市雷州市附城镇	●
281	鹅感村	湛江市雷州市北和镇	●●
282	霞街村	湛江市吴川市吴阳镇	●
283	岭头村	湛江市吴川市黄坡镇	●
284	樟山村	湛江市吴川市塘缀镇	●
285	苏二村	湛江市遂溪县建新镇	●●●
286	乐民所城	湛江市遂溪县乐民镇	●
287	双村村	湛江市遂溪县河头镇	●●●
288	调丰村	湛江市遂溪县岭北镇	●●●
289	旧县村	湛江市麻章区湖光镇	●
290	东山圩村	湛江市开发区东山镇	●
291	村内村	湛江市开发区东简镇	●
292	宋皇村	湛江市开发区硇洲镇	●
293	林寨村	河源市和平县林寨镇	●●●
294	兴井村	河源市和平县林寨镇	●
295	新联村	河源市和平县优胜镇	●
296	兴隆村	河源市和平县下车镇	●
297	彰洞村	河源市和平县合水镇	●
298	大坝村	河源市和平县东水镇	●●
299	水背村	河源市和平县大坝镇	●
300	墩头村	河源市和平县彭寨镇	●

序号	名称	地点	文保级别
301	北联村	河源市和平县热水镇	●
302	群丰村	河源市紫金县水墩镇	●
303	光辉村	河源市紫金县上义镇	●
304	苏家围	河源市东源县义合镇	●●
305	下屯村	河源市东源县义合镇	●
306	仙坑村	河源市东源县康禾镇	●
307	塘心村	河源市东源县蓝口镇	●
308	夏田村	河源市连平县坡头镇	●
309	大湖寨	河源市连平县大湖镇	●
310	茶新村	河源市连平县油溪镇	●
311	大长沙村	河源市龙川县麻布岗镇	●
312	小三村	河源市龙川县细坳镇	●
313	青云村	河源市龙川县上坪镇	●
314	黄岭村	河源市龙川县丰稔镇	●
315	欧江村	河源市龙川县黄布镇	●
316	山池村	河源市龙川县岩镇镇	●
317	石寨村	汕尾市陆丰市大安镇	●●●
318	大楼村	汕尾市陆丰市潭西镇	●●
319	大塘村	汕尾市陆丰市桥冲镇	●
320	白沙村	汕尾市陆丰市桥冲镇	●
321	虎坑村	汕尾市陆丰市博美镇	●
322	超高村	汕尾市陆丰市博美镇	●
323	官田村	汕尾市陆丰市河西镇	●
324	迎云寨村	汕尾市陆丰市西南镇	●
325	莲心湖村	汕尾市陆河县水唇镇	●
326	墩仔古寨	汕尾市陆河县水唇镇	●
327	石下坝村	汕尾市陆河县水唇镇	●
328	新城古寨	汕尾市海丰县赤石镇	●
329	洋坑古寨	汕尾市海丰县赤石镇	●
330	千秋塘古寨	汕尾市海丰县赤石镇	●
331	新厝林	汕尾市海丰县赤石镇	●●
332	水东村	云浮市云城区腰古镇	●●●●
333	五星村（大湾寨）	云浮市郁南县大湾镇	●●●●●●
334	楮葛村	云浮市郁南县大湾镇	●
335	兰寨村	云浮市郁南县连滩镇	●●●
336	倒流榜村	云浮市罗定市双东街道	●
337	陀埇村	云浮市罗定市围底镇	●
338	金滩村	云浮市罗定市榃滨镇	●
339	水湄村	云浮市新兴县六祖镇	●
340	凤阳村	云浮市罗定市素龙街道	●
341	平南村	云浮市罗定市素龙街道	●
342	南门村（接霞庄又名赵家庄）	珠海市斗门区斗门镇	●●●
343	排山村	珠海市斗门区斗门镇	●●●
344	荔山村	珠海市斗门区乾务镇	●
345	虎山村	珠海市斗门区乾务镇	●
346	网山村	珠海市斗门区乾务镇	●
347	南屏村	珠海市香洲区南屏镇	●
348	北山村	珠海市香洲区南屏镇	●●
349	会同村	珠海市高新区唐家湾镇	●●
350	淇澳村	珠海市高新区唐家湾镇	●
351	白石村	肇庆市端州区黄岗街道	●
352	杨池村	肇庆市封开县罗董镇	●●
353	汶塘村	肇庆市封开县南丰镇	●●
354	大屋村	肇庆市广宁县北市镇	●●●

序号	名称	地点	文保级别
355	福兴村	肇庆市广宁县北市镇	●(紫)
356	石屋村	肇庆市广宁县北市镇	●(紫)
357	石桥崀村	肇庆市广宁县江屯镇	●(紫)
358	孔洞村	肇庆市怀集县凤岗镇	●(红)
359	扶溪村	肇庆市怀集县大岗镇	●(红)●(褐)
360	邓屋村	肇庆市怀集县中洲镇	●(红)
361	大浪村	肇庆市怀集县坳仔镇	●(紫)
362	何屋村	肇庆市怀集县梁村镇	●(紫)●(青)
363	水口村	肇庆市怀集县冷坑镇	●(紫)
364	安华村	肇庆市怀集县诗洞镇	●(紫)
365	金林村	肇庆市德庆县官圩镇	●(红)●(紫)●(褐)●(青)
366	古蓬村	肇庆市德庆县永丰镇	●(红)●(紫)●(米)
367	罗洪村	肇庆市德庆县悦城镇	●(红)●(紫)●(青)
368	武垄村	肇庆市德庆县武垄镇	●(紫)
369	黎槎村	肇庆市高要区回龙镇	●(红)●(青)
370	槎塘村	肇庆市高要区回龙镇	●(紫)●(褐)●(青)
371	澄湖村	肇庆市高要区回龙镇	●(青)
372	坑尾村	肇庆市高要区大湾镇	●(青)
373	蚬岗村	肇庆市高要区蚬岗镇	●(青)
374	樟村	肇庆市高新区城区街道	●(紫)
375	宁宅村	肇庆市四会市城中街道	●(紫)
376	铁坑村	肇庆市四会市罗源镇	●(紫)●(青)
377	旭日村（五村）	惠州市博罗县龙华镇	●(红)●(紫)●(褐)●(青)
378	鹤溪村	惠州市博罗县龙华镇	●(青)
379	沙上村	惠州市博罗县横河镇	●(青)
380	大田村	惠州市博罗县湖镇镇	●(紫)●(青)
381	湖镇村（湖镇围）	惠州市博罗县湖镇镇	●(紫)●(青)
382	林屋村	惠州市博罗县湖镇镇	●(青)
383	徐田村	惠州市博罗县福田镇	●(青)
384	山下村	惠州市博罗县福田镇	●(青)
385	井水龙村	惠州市博罗县杨村镇	●(青)
386	吉水围村	惠州市博罗县公庄镇	●(紫)●(青)
387	墨园村	惠州市惠城区横沥镇	●(红)●(青)
388	岚派村	惠州市惠城区芦洲镇	●(紫)
389	茶园村	惠州市惠阳区秋长街道	●(红)
390	周田村	惠州市惠阳区秋长街道	●(红)
391	霞角村	惠州市惠阳区良井镇	●(紫)●(青)
392	崇林世居	惠州市惠阳区镇隆镇	●(青)
393	老屋村	惠州市惠阳区淡水街道	●(青)
394	绳武围村	惠州市龙门县龙华镇	●(红)
395	功武村	惠州市龙门县龙华镇	●(红)●(紫)●(褐)●(青)●(米)
396	鹤湖村	惠州市龙门县永汉镇	●(红)●(紫)●(褐)●(青)●(米)
397	王屋村	惠州市龙门县永汉镇	●(青)
398	马图岗村	惠州市龙门县永汉镇	●(青)
399	合口村	惠州市龙门县永汉镇	●(青)
400	范和村	惠州市惠东县稔山镇	●(红)●(紫)●(青)
401	皇思扬村	惠州市惠东县多祝镇	●(红)●(紫)●(青)
402	田坑村	惠州市惠东县多祝镇	●(青)●(米)
403	蔡屋围	惠州市惠东县多祝镇	●(青)
404	溪美村	惠州市惠东县铁涌镇	●(红)●(青)
405	平政村	惠州市惠东县吉隆镇	●(青)
406	瑶埠村	惠州市惠东县吉隆镇	●(青)
407	杨屋村	惠州市惠东县黄埠镇	●(青)
408	东楼村	惠州市仲恺高新区陈江街道	●(青)

序号	名称	地　点	文保级别
409	黄屋村	惠州市仲恺高新区潼湖镇	●
410	赤岗村	惠州市仲恺高新区潼湖镇	●
411	罗村	惠州市仲恺高新区沥林镇	●
412	古一村（象埔寨）	潮州市潮安区古巷镇	●●●●●
413	孚中村	潮州市潮安区古巷镇	●
414	龙湖寨	潮州市潮安区龙湖镇	●●●
415	井里村	潮州市潮安区浮洋镇	●●
416	高义村	潮州市潮安区浮洋镇	●
417	李工坑村	潮州市潮安区文祠镇	●●
418	后河村	潮州市潮安区凤凰镇	●
419	金一村	潮州市潮安区彩塘镇	●
420	尚书村	潮州市湘桥区铁铺镇	●
421	桂林村	潮州市湘桥区铁铺镇	●
422	石坵头村	潮州市湘桥区铁铺镇	●
423	八角楼村	潮州市湘桥区铁铺镇	●
424	大城所村（大埕所城）	潮州市饶平县所城镇	●●
425	大榕铺村	潮州市饶平县浮滨镇	●
426	西岐村	揭阳市榕城区仙桥街道	●●
427	槎桥村	揭阳市榕城区仙桥街道	●●
428	山前村	揭阳市榕城区仙桥街道	●
429	西洋村	揭阳市榕城区仙桥街道	●
430	田东村	揭阳市榕城区仙桥街道	●
431	竹林村	揭阳市榕城区梅云街道	●
432	旧寨村	揭阳市榕城区榕城街道	●
433	月湄村	揭阳市揭西县东园镇	●●
434	井美村	揭阳市揭西县大溪镇	●●●
435	新宫林村	揭阳市揭西县灰寨镇	●
436	钱西村	揭阳市揭西县钱坑镇	●
437	南门里	揭阳市揭西县棉湖镇	●
438	粗坑村	揭阳市揭西县京溪园镇	●
439	德安里村	揭阳市普宁市洪阳镇	●●●
440	溪南古村	揭阳市普宁市梅塘镇	●
441	泥沟村	揭阳市普宁市燎原街道	●
442	果陇村	揭阳市普宁市燎原街道	●
443	碗仔村	揭阳市普宁市下架山镇	●
444	潭角村	揭阳市蓝城区磐东街道	●
445	长美村	揭阳市开发区渔湖镇	●●●
446	新林村	揭阳市惠来县鳌江镇	●
447	新李村	揭阳市惠来县鳌江镇	●
448	河田村	揭阳市惠来县惠城镇	●
449	京陇村	揭阳市惠来县仙庵镇	●
450	雷浦村	揭阳市揭东县炮台镇	●
451	朱里洋村	揭阳市揭东县登岗镇	●
452	新寮村	揭阳市揭东县玉湖镇	●
453	圆墩村	揭阳市惠来县葵潭镇	●
454	文明村	茂名市信宜市镇隆镇	●
455	八坊村	茂名市信宜市镇隆镇	●
456	书房咀村	茂名市化州市文楼镇	●
457	小良村	茂名市茂港区小良镇	●
458	祥坡村	茂名市茂港区小良镇	●
459	安良堡村	茂名市高州市曹江镇	●
460	鳌头村	茂名市茂南区鳌头镇	●
461	西园村阳江雅韶十八座	阳江市阳东县雅韶镇	●●
462	鸥村	阳江市阳东县雅韶镇	●